表現の自由と学問の自由——日本学術会議問題の背景　＊目次

まえがき

まず、日本学術会議会員の任命拒否問題に触れておきたい。

「学者の国会」と呼ばれる日本学術会議の会員は、学術会議の推薦に基づいて総理が任命することになっている。しかしながら、今般、総理は一部会員の任命を拒否し、理由の説明も拒否した。これは、推薦のとおりに任命するという、任命手続きに反する明確な違法行為であり、恣意的な法解釈に基づく人事介入である。

日本学術会議は、科学の向上と発達を図り、行政や産業や国民生活に科学的知見を反映させ浸透させることを使命としている。科学が国の基礎であるという確信に立って、戦後の日本を平和的に復興するために設立された学術会議は、人類社会の福祉に貢献し、世界の学界と提携して学術の進歩に寄与することをめざしてきた。

戦前の日本では、表現の自由や学問の自由が弾圧され、科学者が軍事目的の研究に動員され、生物兵器や人体実験など非人道的な研究をさせられてきた。こうした過去の苦い経験を踏まえて学術会議は創設されたのであり、学術会議は、科学者が戦争に協力してきた戦前の体制を強く意識して反省している。だからこそ、戦争には二度と協力しないと誓った創設時の理念が、軍事目的のための科学研究を行わないという声明となって今日まで受け継がれているのである。

日本学術会議は、日本の科学者の内外に対する代表機関であり、海外に向かって情報を発信するばかりか、科学的な立場からさまざまな意見を国内に向かっても表明している。専門家からの提言はかなり頻繁に出されており、感染症や認知症への対策、貧困や性的マイノリティの問題など、私たちの生活に身近なものが多い。それとは別に、政府や省庁から諮問や依頼を受けて出される答申や回答もあれば、勧告や要望や声明など強い意志表示もある。

政府に対して勧告もできる日本学術会議は、法文上も政府から独立した特別な機関であるから、今回の政府による会員の任命拒否は、任命されなかった者に対する権利の侵害であるばかりか、科学者の自己決定に政府が介入したという意味でも権利の侵害である。法的根拠に基づかない政府による会員の任命拒否は、数多くの学術団体が指摘しているように、「学問の自由」を侵害する違法行為であり、学説に基づいた自由な発言を抑制するという意味では、「表現の自由」を侵害する違法行為である。

政府が意に沿わない学者を排除するのであれば「学問の自由」を侵害していることになり、過去の活動のみならず今後の活動をも牽制するのであれば「表現の自由」を侵害していることになる。問題は、学術会議のもつ「学問の自由」への侵害のみにとどまらない、学者全体に対する「表現の自由」への侵害であり、これを放置するならば、政権による学問や表現への介入はさらに露骨になることは明らかである。

日本国憲法には表現の自由とは別に学問の自由が掲げられている。かつての日本では、国民のもつ「表現の自由」が大幅に制限されるとともに、学者のもつ「学問の自由」が外部から抑圧されていたからである。こうした歴史的な理由に基づいて、現行の憲法では表現の自由とは別に学問の自由が保障されているのである。

まえがき

学問の自由や表現の自由を政府が政治的な理由によって制限するならば、過去の反省に基づいて平和を実現するための学問から出発した日本学術会議は、その存在意義を失うことになり、自由と独立を失うばかりか、多様な意見や寛容な精神をも失うことになるだろう。

政治家が学者の人選を行うとき学問は政治に敗北し、これを黙って見過ごすとき学問は政治に従属する。政治と学問は切っても切れない関係にあり、政治上の決定は学者の研究活動に影響を及ぼすばかりか、政治家は学者の生存の権限を握っているといっても過言ではない。だからこそ学問は政治に対抗できるだけの自由と独立をもたなければならない。学問はいとも簡単に政治に侵されてしまうから、学問は生殺与奪の権を政治に握らせてはならないのである。

さて、表現の自由を抑制し、学問の自由を侵害していた事件として、授業を盗聴したり教科書を検閲したりして、大学の方針に反対する教員を調査し解雇していた「明治学院大学事件」がある。この事件をきっかけにして、編者は、大学における学問・教育・表現の自由について考えるようになった。そして、大学関係者と協力してこれまでにさまざまな主張や意見をまとめたブックレットを刊行してきた。本書はブックレット「学問の自由」シリーズの第四弾にあたる。まずはシリーズの第一弾から第三弾までの内容を紹介しておこう。

第一弾『大学における〈学問・教育・表現の自由〉を問う』（法律文化社、二〇一八年）

序　章　盗聴される授業、解雇される教員（寄川条路）

第2章　現行法と大学の自治（清野惇）
第3章　裁判所における事実認定の実務――宮崎大学「ハラスメント捏造」事件における判決文の解説（杉山和也）
第4章　〈学問の自由〉と大学の〈大学〉としての存在理由――「明治学院大学事件」をめぐって（幸津國生）
第5章　二つの視点――生態系の問題と集団思考の問題として（宇波彰）
終　章　大学の自治と教員の管理――非常勤講師の雇い止め問題から（寄川条路）

つぎに、「学問の自由」シリーズの第四弾にあたる本書の内容を簡単に紹介しておく。

序章「「学問の自由」は成り立つか?」は、明治学院大学事件を一方では「学問の自由」以前の問題として、他方では「学問の自由」以後の問題としてとらえ直す。前者は、労働者の解雇を雇用者側が勝手になしうるのかという問題であり、後者は、近代的な価値観が崩壊している今日において、近代的な「学問の自由」を旗印にできるのかという問題である。

第1章「「表現の自由」「学問の自由」がいま侵される」は、明治学院大学事件を念頭におきながらも、広く憲法に掲げられている多様な個人的自由を確認していく。とくに「表現の自由」が現代において多方面から問題にされている状況を鑑み、国立大学と私立大学の相違を踏まえながら日本の大学全体の状況に触れていく。

第2章「明治学院大学事件への意見書」は、東京高裁に提出された労働法学者の意見書である。原審にあたる東京地裁の解雇無効判決は妥当なものであったが、大学当局が行った授業の無断録音の適法性については、教授の自由を侵害し、教育への不当な支配にも該当し、かつプライバシーを侵害するものであるから、大学教員や労働者としての人格権を侵害し、不法行為を構成するものであるという。

第3章「大学はパワハラ・アカハラの巣窟」は、国立大学におけるガバナンス改革の実態を暴き、学問の自由と大学の自治をめぐる法的問題を、法律解釈学としての教科書的記述ではなく、法社会学的見地から扱っていく。これによって大学という人間組織でハラスメントが生み出される法学的構造を、経験的・社会学的に解き明かす。

第4章「学問・教育の自由をめぐって——大学教員の研究・教育を阻害する雑務」は、個々の大学での自由の封殺とは別に、日本の大学における研究者全体にわたって学問・教育の自由を阻害している大きな問題を指摘する。大学の研究者がさまざまな雑務から解放され、社会に貢献できる本来の職務である研究と教育に専念できることを願う。

第5章「日本学術会議の軍事的安全保障研究に関する声明と報告について」は、学問の自由と軍事研究の緊張関係を取り扱う。真理を探究し、人類の福祉を増幅させ、平和のために奉仕する学問が、戦争を目的とする軍事研究や安全保障研究に巻き込まれていくなか、大学自治の観点から競争的研究資金制度を鋭く問い詰める。

第6章「学問の自由と民主主義のための現象学」は、リベラルな自由主義的民主主義の基礎として、現象学と解釈学を提唱する。私たちはみな特定の歴史的で文化的な状況に拘束されているが、たとえ視点が拘束されていても、他者の視点を取ることによって自分の地平と他者の地平を融合し、物事をより広く多面的な視点で見ることができる。

終章「未来に開かれた表現の自由——志田陽子『「表現の自由」の明日へ』を読む」は、今日の世界では自分と相容れない他者を社会から排除できないことを教えてくれる。明治学院大学事件をもとに言論の自由と宗教への侮辱のバランスを考え、私たちがオープンな対話に耐えられる力を身に付け、それを認め合う文化をつくりあげることこそが大切なのであり、現代においてはこうした議論が起こることを歓迎したい。

以上のように、本書は「学問の自由」「教育の自由」「表現の自由」という観点から、日本の大学が直面する問題に切り込んでいく論集である。本シリーズは、所属する大学や研究する分野を問わず、どのような立場からでも、どのような考えであっても自由に主張し、自由に議論するための場所を提供するものである。大学の現状を正確に把握して、その対策を考えていくため、ひきつづき第五弾を準備している。本書を読んで興味をもった人は、編者（yorikawa@gmail.com）まで寄稿してほしい。

序　章　「学問の自由」は成り立つか？

末木　文美子

明治学院大学事件について、私は詳しく知っているわけではありません。寄川条路氏から支援を求められた時も、だいぶ迷いました。ただ、大学という学問の場のあり方について少し考えたいと思っていた時ですので、その手掛かりとしたいということで、支援者に名を連ねました。大学を批判したという理由だけで解雇されるというのは尋常ではありません。

そんなわけで、第三者として十分に事態を把握しているわけではなく、また、自分の考えがまとまっているわけでもありませんが、求められるままに少し意見を書いてみます。事件とそれに関する諸氏の説については、「明治学院大学事件」のホームページ、並びに寄川氏の編集したシリーズのうち、最初の二冊に基づいています。

『大学における〈学問・教育・表現の自由〉を問う』（法律文化社、二〇一八年）
『大学の危機と学問の自由』（同、二〇一九年）

事件の概要としては、明治学院大学教養教育センター教授の寄川条路氏の授業を、無断で職員が録音し、大学を批判し、大学の基本方針であるキリスト教を批判したという理由で、氏を解雇したという程度の理解です。それに対して、寄川氏は裁判に訴え、第一審の東京地方裁判所では、氏の解雇を無効として地位を確認したが、慰謝料の請求は認めませんでした。そこで双方が控訴し、東京高裁で審議中、二〇一九年一一月に和解が成立したということです。和解条件は、大学側が無断録音を謝罪するとともに、寄川氏は解決金をもらって退職するということだということです。寄川氏としては、こうした和解での解決は必ずしも本意でなかったようですが、そのあたりの事情はまだ十分に公開されていません。

上記の二冊の冊子を読んでやや違和感を感ずるのは、はたして「学問の自由」ということを正面に据えて問題にすることが適切なのか、ということです。こういう言い方はやや誤解を招くので注意が必要ですが、ある意味では、今回の問題は「学問の自由」以前の問題であり、ある意味では「学問の自由」以後ではないか、ということです。「以前」というのは、そもそも大学に限らず、労働者の解雇を雇用者側が勝手になしうるか、という問題です。「以後」というのは、近代的な価値観が崩壊している今日、近代的な「学問の自由」を旗印にできるか、という問題です。その二点から少し考えてみましょう。

一　「学問の自由」以前

第一の「学問の自由」以前という点ですが、ここでの問題は雇用と解雇という雇用者と被雇用者の問題の特殊例であって、「学問の自由」というのはその一部をなすものの、それが争いの正面に出るべき問題なのかどうか、ということです。そもそも雇用者が勝手に被雇用者を解雇できないのは当然であり、解雇するには正当な理由がなければなりません。もちろん原告側の情報だけで判断できませんが、この事件の解雇は、どう考えても無理であろうと思います。そのことは一審の判決でも明らかですし、二審の途中で和解した際の条件も、大学側が無断録音を謝罪し、教授側は解雇ではなく自主退職ということなので、形式上では大学のほうが落ち度を認めたことになります。もっとも大学としては、お金で厄介払いをしたという実利を取ったとも言えましょう。

確かに争われた内容には研究・授業の自由ということが含まれるにしても、ここで中心となる問題は、より一般的に被雇用者の地位の問題として捉えられるのではないかと思います。つまり、研究者でなくても、被雇用者が雇用者に都合の悪い言動を行なった時に、勝手にその権利を侵害して、解雇できるか、という問題です。何か実力行使に及んだというのであればともかく、口頭で雇用者を批判したら解雇するというのは、きわめてブラックな企業ということになります。

かつては労働組合の力が強かったので、このような問題が起ったら、組合に訴え、組合が雇用者と交渉するという手順で解決を図りました。それが、今日では組合の力が弱体化して、組合の力で被雇用者の立場が保護されないようになりつつあります。教職に関して言えば、かつて自民党などから目の敵にされた日教組（日本教職員組合）というのが大きな力を持っていました。

私が大学の助手をしていた一九八〇年前後頃は、衰えたと言ってもまだ組合がそれなりの力を持っていました。私も当然のお付き合いのように組合に入ることになって、かなり高い組合費をボヤキながらも払っていました。親睦組合のようなものでしたが、私が転職先なしに助手を退職することになった時には、組合で地位保全の交渉をしてくれるということでした。ただ、私自身激務に耐えかねて自分から退職を望んだことですし、教授陣と気まずくなってまでも争うつもりはありませんでしたので、組合の申し出は断りました。でも、そのように応援してくれる味方がいてくれることは心強いことでした。

今日、日教組は総崩れ状態で、ほとんど力がありません。また、私立大学で経営側の力が強いところでは、そもそもはじめから組合を認めないところも多く、たぶん明治学院大学もそうであろうと思います。逆に今でも組合が力を持っている私立大学もあります。イデオロギー的な問題はさておき、少なくとも自分たちの雇用条件を向上させるために、組合は必要ではないかと私は考えます。日教組の場合、小学校から大学まで含むので、広い範囲の教職員の交流という意味も大きかったと思います。今日、小学校の教員の過重労働が問題になっていますが、現場の教員の方たちの声が十分に聞こえてきません。上からの改革だけでは実効性が乏しいように思います。

かつての労働組合は、五五年体制下で日本社会党や共産党と結びついて、政治運動的な面を強く持っていました。今日そのような形態はあり得ませんが、労働者が自分の権利を守るために、現場の声の集約としての組合の活動は、社会全体にとっても必要ではないかと思います。もちろん第三者的な無責任な発言でしかありませんが。

組合とともに、多くの国立大学や教員の力の強い私立大学では、教授会が自分たちの権利を守る砦として一定の役割を果たしてきました。しばしば「教授会の自治」などと言われて、大学自治の基盤とされてきました。脆弱なものでも、「学問の自由」が言えるのは、このレベルかと思います。このことは、後でもう少し触れますが、今日、国立大学も、国や経済界の意向に従って、次第にトップダウン方式に向かい、教授会の力は弱められつつあります。経営側の力の強い大学では、はじめから教授会は上意下達の機関とされて、独自の力がありません。明治学院大学の場合も、教授会は大学側に立って、寄川氏を非難する側に回ったようです。同僚の応援なしに孤立するのは、きわめてしんどいことです。

「学問の自由」以前というのは、こういう状況の中で、大学教員だけ特別の「学問の自由」という理念を旗印にするよりも、もう少し大きく、戦後の労働運動の崩壊の中で、被雇用者の権利をどのような形で主張できるか、というところから考えるべきではないかということです。「働き方改革」の名の下で、注目されるようになった裁量労働制が、すでに大学教員においては採用されていることはあまり知られていません。国立大学の場合、大学が法人化した段階で、多くの大学では裁量労働制を採用しています。裁量労働制のもとでは、一応形式として、労働者側の代表が経営側と毎年交渉して労働条件を承認することになっています。それがある意味では労働組合に代わるものです。しかし、はたして大学教員が裁量労働制に当てはまるものか、また、毎年の交渉が単なる儀式以上の機能を有しているかは疑問です。

二　「学問の自由」以後

「学問の自由」以後というのは、そもそも近代の「学問の自由」という理念が今日通用するのか、という問題です。「学問の自由」という理念は西欧において、近代的な市民社会の確立の中で、大学自身が闘って勝ち取った権利でした。オランダのライデン大学に行ったとき、そこの教授はライデン大学の自由な学風はオランダの独立とともに勝ち取ったものだということを誇らしげに語っていました。

それに対して、日本の大学制度ははじめから帝国日本のための有為な人材を育成することが目的でした。その中で、わずかに京大の瀧川事件が学問の自由の確立として言われるのですが、それはかなりの曖昧決着であって、とても輝かしい勝利とは言えません。ただ、大学の教授会がある程度の力を持ち、限られた範囲とは言え、「教授会の自治」が形成されてきたことは事実です。教授会が人事権を握り、それが象牙の塔としてのアカデミズムの砦を作ることになりました。

第二次大戦後、大学の立て直しが図られる中で、「学問の自由」「大学自治」が旗印とされ、ある程度リベラルな形で大学の再建が図られました。ただ、その自由は与えられた自由であり、はじめから限定付きのひ弱なものでした。それでも、かつてはタテマエとして大学の自治がうたわれ、学問の自由が語られた時期もありました。しかし、全共闘によって教授会は目の敵にされ、その後、今度は国や経済界が大学に口を出すようになって、彼らの意向で左右されるようになって、もはや「学問の自由」を正面から言える段階ではなくなりました。近代の価値観が崩壊する中で、「学問の自由」もまたそのままでは通用しなくなってきています。

これは大学という場の中だけの問題ではありません。先日の名古屋の「表現の不自由展」で、はからずも文字通り表現がいかに「不自由」であるかが如実に示されました。この展覧会は、さまざまな理由で発表が認められなかった作品を集めて、何が問題視されたのかを考えるという企画でした。ところが、慰安婦を象徴する「平和の少女像」と天皇の肖像を燃やす動画が物議をかもし、ネットで炎上し、主宰する愛知県へも抗議が殺到する事態となって、中止され、後に限定付きで再開されました。もっとも私自身は見に行っていないので、報道された範囲のことしか知りません。ただ、どこまで表現が自由であり、不自由であるかが問題にされたという点では大きな意味があったと思います。今日、表現の自由や学問の自由は無制限に認められるものではなく、表現の不自由、学問の不自由とのセットの中で考えなければならなくなっています。

かつては「表現の自由」「学問の自由」は左派、進歩派の専売特許でしたが、今日、逆転現象が起こっています。ヘイトスピーチをする人たちは「表現の自由」を前面に押し出します。また、「学問の自由」が言えるのであれば、大学における軍事研究や生殖医療だって自由ではないか、という議論も可能です。確かに、ヘイト言説だからと言って、直ちにすべて禁止するのは、それはそれで行き過ぎることになるでしょう。その限界は流動的で、慎重に決めていかなければなりません。川崎市で刑事罰を含むヘイトスピーチ禁止条例が成立して大きなニュースになっています。その際も、かなり厳格にヘイトスピーチの範囲を限定しようとしています。東大の准教授がツイッターで差別発言をしたことは絶対に許されることではありませんが、当の准教授は逆に、自分の研究の自由が奪われたと大学を非難しています。

このように、今日では抽象的に「学問の自由」「表現の自由」を謳い文句にすることでは何にもならない状況に、私たちはいるのです。大学における言動もまた、アカハラやセクハラ、パワハラなどがかなり厳しく対処されるようになっています。多くの大学では、そのための対策室があり、客観的な立場からの対応をするようになってきています。その為に「自由」が制限されるのは当然です。

そんなわけで、「学問の自由」「表現の自由」を正面から唱えるだけでは、何の解決にもなりません。それだけに、きめ細かい具体的な状況が開示され、検討されなければなりません。寄川教授の場合がどうであったかは、その具体的な内容を私は知りません。ただ、授業で大学を批判したというだけでは、やはりどう考えても解雇の理由にはならないであろうと思います。それが成り立つとしたら、それは大学側のどのような原理に基づくものなのか。キリスト教主義の崇高な理念に基づく大学だけに、大学側の主張もまた公開されて、公的な討論に委ねられる必要があるように思います。

〔付記〕学術会議問題に寄せて

以上は、二〇一九年一二月に書いたもので、すでに時間が経っています。その間に、日本学術会議の新規会員候補者の任命を菅義偉首相が拒否したことで、改めて「学問の自由」が大きな問題として浮上しました。紙幅の都合で詳しくは論じられませんが、これに関してもまた、「学問の自由」以前と以後の両面があるように思います。「以前」というのは、そもそも学術会議で推薦された者を首相は拒否できないということが、中曽根元首相の国会答弁で明確にされている以上、その法的解釈を勝手に変更することは許されません。先の安倍政権下での検察官の定年延長と同じで、首相が勝手に法律の解釈を歪めることが認められるはずはありません。「以後」というのは、先に述べたように、今日では「学問の自由」はかえって警戒すべきものになっています。実際、学術会議が軍事研究を認めないのは、学問の自由の侵害だ、という主張が声高になされています。大事なのはむしろ、「学問の自律」ということではないでしょうか。学問は何でも自由なわけではありません。政治情勢に左右されることなく、研究倫理に照らしながら、研究者自身が良心をもってきちんと判断していかなければなりません。学術会議はそのような議論と決定の場でなければならないでしょう。

第1章　「表現の自由」「学問の自由」がいま侵される

島崎　隆

「大学破壊」[注1]といわれるような事態が、とくに国立大学内部で文科省などによって進められてきた。私は二〇一二年に国立大学を退職したが、かつて一九九一年に開始された「大学設置基準大綱化」、つぎの「大学院重点化」をはじめとして、二〇〇四年からの「国立大学法人化」の大改革がその「破壊」の大きな契機となった。「大学設置基準大綱化」によってカリキュラムの設置基準が大幅に緩和されたが、その結果、各大学でおのずと就職重視の実学志向が強まり、哲学、文学など人文教養系の科目と教員が次々と削減され、その結果、教養部などがつぶされていった。私も哲学の教科を教えていたので、大学で哲学はいらないのかとおおいにショックであった。「大学院重点化」によって、無計画なままに大学院生の定員が倍増し、「高学歴ワーキングプア」というような状況も出現した。「国立大学法人化」のもとでは、大学の経費である「運営費交付金」を大幅に削減し、企業などの外部から資金を導入すべしという指示が広まり、一層文科省の介入が激しくなった。そして人文社会系不要論がさらに強まった。私はこの法人化の少し前に組合の仕事に携わり、当時流布した多くの関係資料を熟読し、この制度がいかに恐ろしい結果を生むかを実感した。[注2]大学がますます就職予備校化していき、その傾向は私立大学をも呑み込んでいった。『大学破壊』では、「法人化以後五年が経過した。この五年間に国立大学は大きく変わったが、この変わりようは法人化以前の五〇年間のそれを上回るものであった」(注3)とさえ指摘される。そうした大激変であるにもかかわらず、名称はすべて穏やかでけっこうなものであり、国民にはその実態がほとんど知らされていない。

この論考では、これ以上、大学全体の状況には触れられない。そうした大状況を考慮しつつも、私は以下で、明治学院大学「授業盗聴」事件を念頭に置いて、まず広く憲法に掲げられる多様な個人的自由について確認したい。これがすべての問題の解決のための大前提になると考えるからである(以上第一節)。そしてさらに、とくに「表現の自由」が現代で多方面から問題にされている状況を考察したい(以上第二節)。以上の状況を前提にして、明治学院大学における今回の事件をどう見たらいいのかを、私なりに考察したい(以上第三節)。そして最後に、国立大学と私立大学の差異を踏まえて、今回の事件をさらに振り返りたい(以上第四節)。

一　憲法と「表現の自由」「学問の自由」

私は、これらタイトルにある自由について現代的に議論するさいに、日本国憲法について少しおさらいをしてみた。こうした問題群については、まずは憲法にどう明記されているかを振り返ることが必要だと思われるからである。

「表現の自由」や「学問の自由」というのは、「戦争の放棄」(第九条)などとともに、日本国憲法に大書されている国民の重要な権利である。憲法第二一条では、「集会・結社・表現の自由、通信の自由」が保障されるべきことが書かれ、さらに「検閲」を禁止することも、ここに規定される。これらの自由は、国民一人ひとりがもつべき自由であり、国家などの権力者に向けて、国民のもつこれらの自由を侵してはならないと述べている。検閲の禁止なども、検閲という権力をもつ者にたいして、その禁止を述べているわけである。

憲法二三条は「学問の自由」について簡潔に、「学問の自由は、これを保障する」と書かれているだけである。そのさい、「学問の自由」というものも、何も大学などの研究者だけが関係するものではなくて、一般の国民が、その一人ひとりが自由に学問し研究する権利をもっているということだろう。

ところで、憲法二一条、二三条などに含まれている意味内容を順序立てて並べてみると、丹羽徹氏が指摘するように、たしかに①学問研究の自由、②研究成果の発表の自由、③（大学などにおける）教授・教育の自由、④さらにそれらの自由を支える基盤となる、大学などの自治の保障、ということになるだろう。[注4] 研究上の成果は、しかるべき場所で自由に発表されたり、出版されたりしなければ意味がない。そしてまたその成果は、自由に教授され、教育されるべきである。さらに、そうした活動の場である大学では、構成員による自治がなされなければ、安定的に研究したり、教育したりすることができないだろう。それに関連して、私が今回学んだのは、「学問研究を主たる社会的使命とする研究者」[注5]についての見解である。それによれば、学問研究を専門にやる研究者には、生活資料を与え、また研究手段を供与する必要があるという。つまり研究者が単なる使用人であるならば、真理の探究を自由にできず、それが国であれ、何らかの私的な企業者であれ、その権力組織に忖度せざるをえないということである。学問研究も教育も、基本的には国民に責任を負っていると考えられる。もちろん大学などの研究者は学問的成果を出すように義務づけられているが、いたずらに成果主義や競争主義に縛られては、短期的に、目先の矮小化されたことしか考えられなくなるだろう。さらに付け加えれば、大学などの研究者は、教育も担当して講義、ゼミナールなどをいくつもおこない、さらに大学の各種委員会に参加して、その方面の仕事もおこなうのである。私は若いころは五つの委員会を兼務していた。さらにまた、入試関係の仕事、各種学会での発表や仕事、学会出張などもあって、大学の研究者は意外と多忙である。以上の意味で、寄川氏の場合も多忙であったことだろう。

二 「表現の自由」をめぐる現代的問題

いま問題とされている明治学院大学の倫理学の教授の寄川氏の場合も、とくに関係があったのは授業をめぐる、つまり教授・教育についての自由であるわけだが、その意味で、学問的成果の啓蒙を兼ねた「表現の自由」の問題でもあったといえるだろう。こうして広くいえば、氏の場合は、基本的人権にもとづく、以上の個人的自由の一連の問題に関わっている。

さて、「表現の自由」に関して大学で起きた事件といえば、最近、私にとって印象深く思われたのは、東洋大学の学生である舟橋秀人氏によるキャンパス内での意思表示の事件であり、愛知トリエンナーレの一環である「表現の不自由展・その後」の中止問題である。以上二つの事件について、簡単に触れたい。

前者は、タテ看による、大学にたいする抗議行動であった。氏は「竹中平蔵による授業反対！」というタテ看を設置したが、竹中氏が「若者には貧しくなる自由がある」などと発言したことへの怒りがあったという。竹中氏が小泉政権のもとで経済財政担当相であったときに、労働者派遣法が改定され、非正規雇用が増えたのである。タテ看を出した舟橋氏は、ただちに大学職員らに取り囲まれ、タテ看を撤去させられ、学生支援課で、退学処分の可能性がある、両親に連絡する、などと詰問されたという。もちろんこうした「表現の自由」は、中身はどうあれ、許容されるべきものであろう。そこには、「批判の自由」というものもある。自分の所属する大学への批判はするべきではない、などという発想は日本国憲法の精神にはないだろう。そうなれば、日本人であるからには、選挙で選ばれた日本の政府の批判などはしてはいけない、というような妙な論理にもつながりかねない。

私が感心したのは、舟橋氏の勇気であり、これには本当に頭が下がる。しかも個人で実行したのだ。また氏が文学部哲学科の四年生だったことも、注目に値する。私はかつて国立大学で哲学なるものを研究し教えていたが、同じ哲学をやる者として、おおいに印象に残った。氏によれば、「企業に役立つ人材を育成するという実学偏重の流れに今、東洋大学も乗っかっている」、その点で、「全国の大学の文系学部で今、文学部の廃止が取りざたされている」とされる。国立、私立を問わず、まさに現在、大学はそうした危機にあり、こうして、「真理探究という大学本来の役割が軽視されている」(注6)というのである。学生ではあるが、実にしっかりした現実認識といえる。氏が指摘するとおり、私の意見でも、たしかにいま大学はどんどん悪い方向へと変貌してしまった。就職にあたり、氏はいま不利益な扱いを受けていないだろうか。氏のような学生こそ、社会へ出て、有為な人材として活躍できる人物であると、私は確信する。氏はまさに、自分の信念にもとづいて、憲法で保障された「表現の自由」を積極的に行使したのである。いまや学生自治会などの組織の衰退とともに、明らかに、大学生のあいだで「表現の自由」の積極的行使は後退している。

また愛知トリエンナーレの一環である「表現の不自由展・その後」に関わる事件は、出品者のみならず、広く市民社会の関心を呼んだものである。だが、韓国の慰安婦の「少女像」などの出展をめぐって、政治的圧力によって一時中止に追い込まれてしまった(それ以後再開され、無事に終了した)。芸術的・思想的な作品による「表現の自由」は、問題を生ずることがあっても、当然守られるべきであり、それにたいして暴力的脅迫や政治的圧力によって中止へと追い込むことは、やはり「表現の自由」への侵害であろう。「ガソリン携行缶をもって行く」などという匿名のファックスは言語道断だが、主催者側が作品の中身に介入して、「日本人の心を踏みにじるものだ」と安易に決めつけることは政治家としてのセンスも疑わせる。（注7）

この事態のなかで、状況に忖度して、文化庁がこの芸術祭全体に及ぶ七八〇〇万円の補助金不交付を決定してしまった。こうして「文化庁は文化を殺すな」と批判された。そして菅官房長官（当時）は、「交付は精査して対応する」旨の発言をして、作品の内容に介入することを示唆した。文化庁も菅氏も、十分な警戒体制をとるとともに、芸術における「表現の自由」をここであえて守るべきだという対応は、まったくしていないのである。責任者側のこうした一連の行動が、この展覧会開催への抗議の電話やメイルを加速させたことは疑いない。文化芸術基本法の前文に、「我が国の文化芸術の振興を図るためには、文化芸術の礎たる表現の自由の重要性を深く認識し、文化芸術活動を行う者の自主性を尊重すること」とあるにもかかわらずである。（注8）

さらに近年では、広く市民へ向けて、「表現の自由」は大きく制約されている。国会周辺の集会・デモによる音声による表現行為がときの政府によって「テロ」扱いされてしまったり（特定秘密保護法の条文に示される）（注9）、市民の自由な活動が、無限定に「組織犯罪集団」とみなされたりしてきた。（注10）要するに、愛知トリエンナーレでの事件、特定秘密保護法問題、「共謀罪」法問題については、ときの政府という権力者が率先して、国民の「表現の自由」を奪おうとしているといってさしつかえないだろう。つまり政府がこぞって、憲法違反の行為を推し進めているのだ。東洋大学の学生のタテ看による抗議への阻止は、ときの政府が直接におこなったものではないが、大学という権力者が学生という身内の者にたいして、「表現の自由」を否定したのだ。寄川氏の場合も、大学当局という権力者が氏の教授・教育の自由、意見表明の自由を奪おうとして、解雇を試みたわけである。総じてここで、日本において、ときの権力者たちが該当する国民・市民に向かって、彼らの「表現の自由」などの基本的人権を奪ったといえよう。ここに、権力者による一連の憲法違反の行為が見られるといったら、いいすぎだろうか。

以上の点に関する最新のトピックは、現政権による日本学術会議会員の任命拒否の問題であろう。菅新首相が、学術会議会員の候補者のなかの六名を、理由も明示せずに拒否したことが明らかになった。政権に批判的な言動があったからということ以外に、おそらく拒否の理由は考えられない。この問題が、多くの学者・研究者の研究の自由、表現の自由を奪うことへと連動し、その活動を萎縮させることにつながることは明らかである。

三　明治学院大学「盗聴事件」とは

ここで、明治学院大学教授の寄川氏がどのようにして「解雇」という事態へ追い込まれ、裁判に至ったのかをあらためて簡単に述べておこう。(注11)

簡潔にいうと、寄川氏は二〇一五年四月の、授業でのガイダンスのときに、大学当局の命を受けた職員によってその内容を盗聴されてしまった。以前から氏は、要注意人物であったのだろう。氏がその無断録音の事実を公表したことにたいして、当局は「名誉棄損だ」ということで、氏を解雇するに至った。そこで調停にはいった東京地裁の労働審判委員会はすぐさま解雇を無効として氏の復職を提案したが、大学側がそれを拒否した。そののちに正式の裁判となり、東京地裁は解雇の撤回と無断録音の謝罪を和解案として提示したが、大学側がさらにそれを拒否し、和解は不成立となった。そしてついに二〇一八年六月に、解雇は無効であるという判決が下ったのである。

以上で明らかなように、この裁判では大学側の違法性が一貫して認められている。まさに正当な判決といえるだろう。また幸いなことに、多くの学生たちも今回の事件を知り、寄川教授を支援して、大学の盗聴行為を「犯罪」だとして非難したという。それなのになぜ、大学側は和解をあえて拒否して、執拗に解雇にこだわったのか。ここに私は、大学という理性の府であるはずの場所で、権力者たちが研究や教育の自由を一向に尊重しないという、長年の病弊を見たのである。

私は大学の非常勤講師組合の人たちの出しているニュースを多年にわたって読んできたので、多くの非常勤教員が安易に解雇されてきた事実をよく知っている。だが実は、教授職など、常勤の教員も不当な解雇にあっていることも、私は何件か見聞してきた。寄川氏も私も大学の哲学の研究者であり、教員である。すでに私は退職しているが、倫理学や哲学担当の教員が、大学当局の都合で解雇されやすいというようなことを聞いているので、まさに人ごとではない。とくに私は、氏と同じように、一九世紀ドイツのヘーゲルの哲学を専門にやって来たので、その点でも親近感が湧くのだ。氏も私も同じヘーゲル学会に所属しており、そうした学会でも氏は、おおいに活躍しているすぐれた研究者であり、私も氏の著作からはいろいろと学ばせていただいている。そのような氏を、理不尽な理由で簡単に解雇するとは、優れた人材を大学側が失うということを意味し、まことに残念な話である。

寄川氏によれば、大学側は「組織を守るために一つの手段として録音が必要だったわけですから、何も問題はないです」と述べたという。もしそうならば、これはそもそもあきれた話である。自分たちの組織が正しいことをやってきたのかどうか、さらに、教育や学問をやっている研究者たちにたいして、一体自分たちが憲法などを尊重しつつ対応してきたのか——そもそもそうした吟味なしに、ただ単に組織を守るためにという理由で、無断録音という非紳士的な行為をやることが正当化されることはありえない。第一節で述べたように、授業などは研究者個人の学問的成果の応用の場所であって、教育という「表現の自由」が発揮される場所でもあり、その意味でいわば聖域である。無断で介入されるべき場所ではない。授業が聞きたければ、その正当な理由を述べて、許可を得るべきであろう。大学当局といえども、無断録音などとんでもない話である。

寄川氏によれば、この大学では、いくつも不当解雇の前例があるようだ。明治学院大学では、かつて盗聴も当たり前であり、言語文化論の講師、倫理学や哲学の教授たちも解雇されたという。それどころか、大学の建学の理念であるキリスト教主義を授業のなかで批判しないように、そこで使用される教科書を検閲したり、学生の答案用紙を抜き取って検閲したり、プリントや教材も事前に検閲していたという。これはまさに、憲法に掲げられた「表現の自由」や「検閲」の禁止とは正反対の活動である。そういう不当な行動をしてきたのに、大学が無断録音をしていたことを寄川氏が公表すると、それを「名誉棄損だ」ということで、氏を逆に解雇したのだ。まさに転倒している。「表現の自由」など、憲法で書かれた基本的人権を、大学の責任者であるはずなのに、まったく理解していないことが見てとれる。「人格の完成」（教育基本法）を旨とする教育を目標とするはずの大学の関係者たちが、こうした態度を取っていることには、背筋が寒くなる思いがする。

四　国立大学と私立大学の共通性と差異

ここでは、公立の大学は国立の大学に準じて考えることとして、もっぱら国立の大学を念頭に置きたい。その点では、国立大学であれ、私立大学であれ、日本という国で教育が営まれる以上、それは憲法と教育基本法の枠内で遂行されるという公共的な共通性をもつだろう。このことに疑いの余地はない。この点からすれば、改定された教育基本法でも、教育の目標として「人格の完成」が依然として掲げられている。実は私は、「人格の完成」というような表現はどうも大仰で、面はゆい感じがして好きではない。人格など一生かかっても完成されるはずがない。そこには、かなり形式主義的な人間観が感じられ、カント的な厳格主義の匂いがする。とはいえ、政治上の責任者には、いま述べた憲法と教育基本法の精神は守ってもらいたいと思う。

むしろ私は《教育＝人格・人間の形成》と定式化して、そのもとで、教育の内容を一般的に、《(狭義の)学力(基礎学力＋専門学力)＋民主的精神と科学的精神》と考えてきた。つまり大学までの教育で、基礎と専門の学力的知識を学ぶとともに、単に知識だけでなく、民主主義的な精神と科学的認識の精神を実践的に身につけるべきではないかということである。前者の民主主義的な精神とは、他人とコミュニケーションし、また対話し議論して、相互に共感し批判しあい、こうして相互に合意し、承認しあう能力のことである。後者の科学的認識の精神とは、ものごとをしっかり観察し、分析し、事実と真理を客観的に系統立てて把握するような能力である。前者が対人的能力だとすれば、後者は対物的な能力であり、そこには対立的な側面がある。

こうして前者のみでは、人びとの協調はあるが、事物のしっかりした認識能力は育たないし、後者のみでは、孤立的に事物に向き合う学者的な偏屈に陥りがちとなる。だから教育においては、むしろこの二つの能力を、相互補完的に統一して形成するべきであると考える。(注12)

とはいえ、国立大学と私立大学との微妙な差異を考える必要があるだろう。私はずっと国立大学に在職していたので、私立大学というものを実際にはあまり知らない。だが、そこにある差異を認知することは必要なことだろう。その点では、二段階の議論が必要に思われるので、順に検討していこう。

第一段階は、国立大学などと比較して、私立大学一般の特殊性である。つまり私立大学は、何らかの企業（学校法人）による経済活動として運営されているということである。だから、国民の税金で運営される国立大学とは性格が異なる。この点、私立の明治学院大学を念頭に置くと、憲法学者の志田陽子氏が指摘するように、「本件では、『表現の自由』や『学問の自由』といった精神的自由と、企業経営に代表される経済活動の自由とが衝突している」(注13)といえないこともない。たしかにその点で、私立大学は経営上、利潤が確保できなければ成立しないだろう。それでも、憲法的価値が優先されるべきであって、人格形成をおこなう教育は、単に製品を製造し販売する企業のレベルとは同列に扱えないと思われる。そしてまた、私立大学も私学助成金を国から受けているのであって、国による制約を免れない。

また別の面でいうと、大学が私立として学校法人によって設立されるとしても、憲法が保障する「大学の自治」というのは、その学校法人の自由や自治ではなくて、大学の研究・教育をおこなう人びとの自治なのである。少しややこしい話かもしれないが、丹羽氏が指摘するように、「確かに設置者には建学の理念を定め、教育の自由（私学の自由）にもとづく大学設置が認められているが、それは設置にかかわってに過ぎない」。この意味で、設置者の学校法人が「大学の自治の担い手ということはできないであろう」[注14]。私立大学の学校法人（理事会）といえども、学問の自由は否定できない。だが、ここまで干渉してきたのが、明治学院大学の事件であった。彼ら大学当局は、大きな勘違いをしているのである。

五　キリスト教主義の大学のあり方

さて第二段階は、私立大学のなかでも、キリスト教など、宗教的な建学の趣旨をもっていた場合はどう扱われるのか、ということである。もちろん近代以後は、国家宗教などは否定され、公的な場で宗教が支配することはありえない。ところで、寄川氏の所属する明治学院大学は、キリスト教主義によって運営されてきた。そして寄川氏がそのキリスト教主義を批判したということで、当局によれば、それが解雇の一つの理由ともされている。だがそれでも、裁判所はキリスト教主義の記載が「風刺、批判とも解釈することができるものであるから、普通解雇事由に該当しないと判断した」[注15]。さらにもう一つ論拠を挙げれば、学生には「批判能力や相対化能力」[注16]があると前提されている大学教育では、こうした批判が授業でおこなわれることは不適切ではないという、志田氏の指摘である。この点で付加すると、寄川氏のキリスト教批判について、聴講した学生の側からとくに「不快感などの訴え」[注16]などはなかったのである。

だから裁判所も法律の専門家も、寄川氏のキリスト教主義批判は問題とはならなかったと判断したのである。以上のようにして、明治学院大学の建学の精神としてのキリスト教主義への批判は、それが授業でおこなわれても、それは教育的「表現の自由」の範囲内だったと判断されたのである。私はその内容まで実際に見ていないから具体的にいえないが、キリスト教主義が建学の趣旨にあるからといって、その大学に所属する教員が授業などでそのキリスト教主義の批判を述べても、それが解雇の理由にはならないということである。そこでは「大学の自治」が認められ、「教育の自由」が認められる。研究者は、大学経営者に忖度する使用人ではない。とはいえ、教育的配慮は必要であるから、キリスト教について批判する場合は、学生に多様な見解を示して、彼らに考えさせる余地を与えることが必要だろう。

さて私は、哲学研究者として宗教哲学なども勉強してきたので、この明治学院大学でキリスト教や聖書がどう説明されているのか、少し気になった。インターネットで明治学院大学の案内を見ると、「聖書のことば」という箇所がある。(注17)そこでは聖書に即して、実に麗しいことばの数々が引用され、解説されている。私はただちに、今回の大学当局の言動が、ここでの聖書の教えに合致しているのかどうか、疑問に思った。

たとえば、聖書のある箇所では、「教会に属するひとりひとりが、偽りのない関係を結ぶように」と指示されており、これは教会に限ったことではないとも述べられる。さらに「大小さまざまな組織の中で仲間に対して真実を語ること」、「力ある者たちの嘘をきちんと批判すること」、「この現実を無気力に受け入れることなく、むしろあらがうこと」などが勧められている。まさに立派なことで、大賛成である。とすると、大学当局は、仲間でもあるはずの寄川氏にたいして、偽りのない真実の関係を結ぶように努めてきたのだろうか。「盗聴」はそれに値する行為だったのだろうか。そして、無気力な現実にあえて抗おうとしたのは、むしろ寄川氏のほうではなかったのだろうか、という気がする。私はキリスト者ではないので、読み方がおかしいのかもしれないが、むしろ氏のほうが、ここで簡単に描かれた聖書のことばに合致しているような気もする。

「聖書のことば」が飾りでないとすれば、明治学院大学はその初志に戻るべきではないのかと思う。

【注】

（1）全国大学高専教職員組合編『大学破壊――国立大学に未来はあるか』旬報社、二〇〇九年。『情況』二〇一九年冬号、特集「壊れゆく大学」を参照。

（2）拙論「大学の独立行政法人化と哲学の運命」（東京唯物論研究会編『唯物論』第七四号、二〇〇〇年）は、この法人化の危険性を予見したものである。

（3）前掲『大学破壊』の「はじめに」。

（4）寄川条路編『大学における〈学問・教育・表現の自由〉を問う』法律文化社、二〇一八年、六頁参照。

（5）前掲書、九頁。高柳信一氏の意見とされる。

（6）以上、『週刊金曜日』一二二四号、二〇一九年。『東京新聞』二〇一九年一月三一日、朝刊「こちら特報部」など参照。

（7）田島泰彦「メディアと東京オリンピック、『表現の不自由展・その後』」、『季論21』二〇一九年秋号、五五頁以下参照。「日本人の心を踏みにじるものだ」というのは、河村たかし名古屋市長（トリエンナーレ実行委員会会長代行も務める）の発言。

（8）『週刊金曜日』一二四五号、二〇一九年所収の「特集3」を参照。

（9）拙論「特定秘密保護法・反対集会参加記」、季報『唯物論研究』第一二六号、二〇一四年、一六六頁以下参照。石破茂幹事長（当時）は大音声・大音響を発するデモについて、それは「テロ行為」と変わりないと述べた。この説明は、この特定秘密保護法の第五章「適正評価」の第二項で、テロリズムをまず最初に、「政治上その他の主義主張に基づき」「国家若しくは他人にこれを強要」すると規定することに合致するだろう。「政治上その他の主義主張に基づき」、人命に危害を加え、建物の破壊などをおこなうことはたしかにテロといえるだろうが、なぜ大音声、大音響がそのものとしてテロといえるのだろうか、違和感を覚える。これはかえって、「表現の自由」への侵害ではないか。

（10）高山佳奈子『共謀罪の何が問題か』岩波ブックレット、二〇一七年、四八頁参照。
（11）以下は、寄川条路編『大学における〈学問・教育・表現の自由〉を問う』法律文化社、二〇一八年所収の、「まえがき」、第四章、第五章、終章などに依拠。さらに寄川条路編『大学の危機と学問の自由』法律文化社、二〇一九年所収の、第一章などに依拠した。
（12）詳細は、日本科学者会議編『教育基本法と科学教育』創風社、二〇〇四年所収の、第三章「民主的精神と科学的精神を目ざして」（拙論）を参照。
（13）寄川編『大学における〈学問・教育・表現の自由〉を問う』二九頁参照。
（14）丹羽徹「大学の自治の担い手――私立大学を中心に」『日本の科学者』二〇一九年一〇月号、四九頁参照。
（15）前掲寄川編『大学における〈学問・教育・表現の自由〉を問う』八七頁における弁護士の太期宗平氏による判決の説明。
（16）以上、同上、五七頁参照。
（17）www.meijigakuin.ac.jp/about/christianity/join/voice/（二〇一九年一〇月二〇日採取）

第2章　明治学院大学事件への意見書

山田　省三

一　はじめに

原審（東京地判平三〇・六・二八）は、控訴人（大学）が平成二八年一〇月一七日付けで行った被控訴人（教授）に対する解雇（以下、本件解雇）を無効とする一方で、控訴人による被控訴人の講義録音を相当と判断している。前者の普通解雇の効力に関する判断については、結論としては妥当と思われるが、後者の判断については、労働者の職場におけるプライバシーの権利の観点から再検討されるべきであると考える。

本意見書では、職場におけるプライバシーについて論じた後、本件解雇の効力に言及することとしたい。

二　職場におけるプライバシーの保護とモニタリング

1　はじめに

国際労働機関（ＩＬＯ）は、一九九三年の「職場におけるモニタリングと監視」（Monitoring and

Surveillance in the Workplace, 1993）と題する報告書において、とりわけ就業時間内の使用者によるモニタリングや監視が、労働者の労働条件や健康に著しい影響を及ぼしていると指摘した上で、「労働者のプライバシーは、基本的人権の問題として取り扱わねばならない」と宣言していた（ILO, International Labour Office, Conditions of Work Digest, Part 1, Protection of Personal Data, vol. 10, 2/1989, vol. 2, p. 11, p. 77）。この宣言から、すでに四半世紀が経過しているが、プライバシー保護は、各国の職場において、「基本的人権の問題」として定着していると評価できるであろうか。

２　プライバシーをめぐる論議の展開

(1)　プライバシーの権利とは何か

プライバシーの権利については、従来から憲法学や民法学において主に議論されてきたのに対し、これまで労働法学では論議されることはあまり多くはなかった。このように、わが国の雇用関係において、さほどプライバシーが問題とされない理由として、①個々人に自立意識の低さ、横並び意識の強さから生じる会社本位主義、②和の強調から生じるプライバシー意識の希薄さという要素、③全人格的評価、私生活への干渉の当然視といった日本的労務管理のあり方が指摘されている（道幸哲也『職場における自立とプライバシー』日本評論社、一九九五年、一三―一四頁）。

また、労働法規を概観しても、封建的労働慣行の除去を主たる目的とするという時代背景を有する労働基準法はともかくとして、二一世紀に制定された労働契約法においてすら、労働者のプライバシーに関する規定は置かれていない。わずかに「使用者は、事業の付属宿舎に寄宿する労働者の私的生活の自由を侵してはならない」と規定する労働基準法九四条一項や、健康診断の実施事務に従事した者が、「その実施に関して知り得た労働者の心身の欠陥その他の秘密を漏らしてはならない」と規定する労働安全衛生法一〇四条の規定等にとどまっているのが現状である。

ところで、三菱樹脂事件最高裁大法廷判決（最大判昭四八・一二・一二民集二七巻一一号一五三六頁）では、採用の自由（憲法二二条一項、二九条）を根拠として、応募者の特定の思想信条を理由として、企業は労働者の採用を拒否しても何ら違法ではないこと、入社試験において応募者の思想信条を質問することも、労使間の信頼関係から許容されると判断されている。同判決では、自由権的基本権（憲法一四条、一九条）の第三者効（私人間効力）の問題として議論されているが、むしろ採用過程における採用者の応募者に対するプライバシー保護義務の問題として処理されるべきであったと考える。すなわち、思想信条は内心の自由の根幹的部分を占めるものである以上、信義則上の義務として、採用者は応募者のプライバシー保護義務を負っており、これを侵害する場合には、少なくとも契約締結上の過失として損害賠償責任を負っていると考えるべきだからである。

周知のように、「宴のあと」事件（東京地判昭三九・九・二八判時三八五号一二頁）が、「私生活をみだりに公開されないという法的保障ないし権利」としてのプライバシーの権利を、わが国の裁判史上において初めて承認して以来、半世紀以上が経過している。このように、「見るな、撮るな、書くな」という私生活への侵入禁止（let be alone）がこの権利の基本的概念であったことに疑いない。その後の早稲田大学江沢民講演会参加者名簿提出事件（最二小判平一五・九・一二民集五七巻八号九七三頁）は、講演会参加名簿に関する個人情報はプライバシーに係る情報として法的保護の対象になるとしたうえで、このようなプライバシーに関する情報は、取扱いによっては、個人の人格的な権利利益を損なう恐れがあるものであるから、これを無断で警察に開示した行為は、任意提出したプライバシーに係る情報の適切な管理についての合理的な期待を裏切るものであり、不法行為を構成すると判断しているが、これも、知られたくない情報としてのプライバシー権の一態様であろう。

しかし、コンピュータ技術の飛躍的発展やＳＮＳ機器の普及等の事態は、本人が知らない間に個人情報（誤った情報も含めて）が収集・拡散され（コンピュータの不可視性）、それが個人の経済的・社会的評価を決定しているにとどまらず、不正アクセスにより第三者に個人情報が漏洩される可能性がある事態に至っており、このため、従来のような私生活の静謐を確保するだけでは不十分な時代となっている。このため、プライバシーを個人情報コントロール権として構成し、どのような個人情報が存在するかを確認する権利、不正確な情報があればそれ訂正する権利、自己に不利益な情報の抹消請求権（ドイツでは、一定期間経過した労働者の懲戒記録の抹消請求権が認められている）等の権利を構成することが主張されている。

また、わが国でも近年増加している、コンピュータ上のなりすまし事件（大阪地判平二八・二・八判時二三一三号七三頁）では、「確かに、他者との関係において人格的同一性を保持することは人格的生存に不可欠である。名誉棄損、プライバシー権侵害及び肖像権侵害に当たらない類型のなりすまし行為によって本人以外の別人格が構築され、そのような別人格の言動が本人の言動であると他者に受け止められるほどに通用性を持つことにより、なりすまされた者が平穏な日常生活を送ることが困難となるほどに精神的苦痛を受けたような場合には、名誉やプライバシー権とは別に、「他者との関係において人格的同一性を保持する利益」

を意味するアイデンティティ権の侵害が問題になり得ると解される」とされている。同判決は、結論的には抹消請求を棄却しているが、「他者との関係において人格的同一性を保持する利益」を初めて肯定したことは、人格そのものに係る権利として、プライバシー権の一類型として、損害賠償にとどまらず、インターネット上からの削除請求権の根拠として用いられる可能性を示唆するものである。

さらに、コンピュータが人間の記憶と区別されるのは、本人が死亡しても、誤った個人情報も含めて、個人情報が未来永劫残存される点である。このため、欧州司法裁判所は、二〇一四年五月、検索サイト・グーグルに対し、社会保険料の滞納に関する個人情報の削除を命じているが、これも、個人情報コントロール権の一つと理解することができよう。

このほか、自己決定権もプライバシーの権利の内容として重要である。たとえば職場における容姿の自由が問題となった事案において、労務提供に支障がない限り、労働者の髪の色・型、服装等は、個人の尊厳、思想表現の自由あるいは人格の自由の範囲とされている（ハイヤー運転手のひげにつきイースタン・エアポートモータース事件（東京地判昭五五・一二・一五労判三五四号四六頁）、トラック運転手の茶髪につき、東谷山家事件（福岡地小倉支決平九・一二・二五労判七三二号三頁））が、これも自己決定権としてのプライバシーの問題と評価することができよう。

最後に、商業宣伝放送差止等請求事件（最三小判昭六三・一二・二〇判時一三〇二号九四頁）における伊藤正巳裁判官の補足意見が注目される。そこでは、公共地下鉄車内での宣伝広告放送における「とらわれの聞き手」（captive audience）論が展開され、「本件は、聞きたくないことを聞かない自由を法的に利益としてどのように把握するか、また地下鉄の車内のようないわば閉ざされた場所における情報伝達の自由をどのように考えるのか」との問題提起を行ったうえで、「他者から自己の欲しない刺激によって心の静穏を害されない利益は、人格的利益として現代社会において重要なものであり」と指摘されている。同裁判官は、公共地下鉄車内との空間内での出来事として、自宅等と比べてプライバシーは制限されると結論されているが、公共の場におけるプライバシーそのもの存在を否定するものではないであろう。

以上のように、プライバシーの権利は、第一に私的領域への侵入禁止という基本的な概念、第二に個人情報コントロール権、第三に自己決定権等に分類することができよう。

(2) なぜプライバシー権が尊重されるべきなのか

では、プライバシーという概念が尊重されるべき根拠は、どのようなものであろうか。プライバシーという概念が採用されるべき価値の根拠として、オリバーは、「自治と民主主義」(autonomy and democracy)、「人格的自治」(personal autonomy) ないし「尊厳と人格的福利 (dignity and well-being)」との理念をあげている。まず、「人格的自治」とは、人がいかに自己の生活をすべきかを自由に決定する能力に関連するものであり、「自治」(autonomy) とは、個人がそれにより、外部からの観察や、社会的圧力から自由である選択を開発する機会を守ることに求められる。

続いて、オリバーは、プライバシーの重要性につき、以下のように論述している。「自治と民主主義」とは、価値および尊厳と人格的福利 (dignity and personal well-being) に関する価値である。人格的自治とは、どのように自由に自己の生活を送るべきかを選択する個人の権限に関連するものであり、かつ、民主社会において、とりわけ価値のある思想と評価される。個人の自治は、プライバシーの侵害により脅威にさらされるから、プライバシーが保護され、自治と生活の選択の多様性が奨励される社会は、個人の選択が禁止されている社会よりも、より複数主義的（pluralistic）かつ寛容的であるとオリバーは指摘する。さらに、プライバシーはまた、尊厳および人格的福利にとってもきわめて重要であり、プライバシーへの侵害は、個人主義（individuality）、個人の尊厳および自由のような人格的権利（rights of personality）に対する攻撃とみることができるが、他者との親密な関係の発展はまた、プライバシーにとって重要であり、プライバシーなしには、基本的な親密関係は存在し得ないものと論じられている（Hazel Oliver, Email Internet Monitoring in the Workplace and Contracting Out, Industrial Law Journal, vol. 31, No. 4 December 2002, pp. 322-324）。

以上のように、プライバシーを個人の尊厳・尊重、人格発展にとって不可欠の前提とするオリバーの主張は、プライバシー権の根拠を憲法一三条に求めるわが国の議論とも共通するものであろう。

（3）雇用関係とプライバシー

それでは、自宅のような私的空間ではなく、労務提供の場所である企業内の職場に労働者のプライバシーは肯定される余地はあるのであろうか。

労働者は、労働契約に基づき、就業時間中および職場（事業場外労働も含む）内において、労務提供を行う義務を負担しているのであるから、事業場外かつ就業時間外の行為は労働者の私的自由時間であり、まさにそこでは労働者のプライバシーが機能する場面であることは疑いない（もっとも、労働者によるいわゆる企業外非行のように、使用者の対面や名声を棄損する行為については、企業秩序侵犯行為として懲戒処分がなされる可能性があるのは否定できないであろう）。では、私宅ではなく、労務提供先である職場にプライバシーが保障されるべき根拠はどこに求められるのであろうか。

　第一の疑問は、そもそもプライバシーの権利は、独占的に国民・住民の個人情報を収集することが可能である国家に対して保障されるべきものであり、雇用関係を含む私法関係のような対等な契約当事者間ではさほど必要とされないのではないか、すなわち、プライバシーの権利とは、国家に対する憲法上の公法的権利以外の何物でもないのではないかとの疑問である。

　第二の疑問は、労務を提供する場所である「職場」が「私的領域」といえるのかという問題である。使用者は、雇用契約により、設備および労働方法を含む職場をコントロールしており、それゆえ、有償労働を目的として、使用者の敷地内である職場に入ることにより、労働者は、すべてのプライバシーを放棄しているのではないか、あるいは使用者による監視により観察を受けることが当然予定されているのであるから、プライバシーの権利は職場に適用されないのではないかとの疑問が生じるからである。労働に従事している時間は「私的時間」(private time) とは評価できないのではないかとの問題である。

(1) ＥＵにおけるプライバシーの議論

　これに対して、オリバーは、プライバシーの権利は、私的な個人や組織による侵害もまた、国家によりなされる場合と同一の効果を有するとして、私人間においてもプライバシーの権利が尊重されるべきであり、むしろ労働者は使用者のコントロール下に置かれており、多くの労働時間を費やしている職場においてこそ、自律的存在 (autonomous beings) としてプライバシーの権利こそが尊重されるべきと主張する。まさに、労働者は、「私的」領域を離れて、職場という「公的」領域に入ったものと指摘することができるが、近年発展が著しいコンピュータテクノロジーは、職場における労働者のプライバシー侵害を容易にしていることも理由となっている（H. Oliver, op. cit., pp. 324-330）。

アメリカとは異なり、プライバシーの議論がそれほど活発でなかったEU諸国において、その法的根拠とされたのが一九五〇年欧州人権規約（以下、「同規約」。）の「すべての者は、自己の私的・家庭生活および通信を尊重される権利を有する」と規定する八条一項である。もっとも、プライバシーの権利が制限される例外として、「法令に基づく場合、民主社会における国家および公共の安全もしくは国家の経済に不可欠な場合、経済的福利あるいは秩序の混乱や犯罪を防止し、健康とモラルを保護し、もしくは他人の権利および自由を保護する場合を除き、プライバシーの権利を行使することは、公的機関（public authority）により侵害されることはない」との留保条項が付されている（同条二項）。

以上のように、同規約はあくまで公的機関によるプライバシー侵害を禁止する公法的規制を目的とするものであり、職場を含む私的関係に当然に適用されるものではなかった。しかし、同規約を解釈するのが裁判所や審判所のような公的機関であることを理由として、イギリスの裁判所等は、自身が同規約の公的機関に該当するとして、民間企業等における事案を取り扱ってきた。

そして、職場におけるプライバシーという権利の存在が、EUレベルで一般的に肯定されたのが、Niemietz v. Germany 判決（[1993]16EHRR97）欧州司法裁判所判決である。同事件では、侮辱罪をめぐる捜査のなかで、ドイツの弁護士事務所内の顧客ファイル捜査の合法性が問題となっているが、同規約八条一項の「私的および家庭生活」（private and domestic life）に、法律事務所のような企業施設が該当するか否かが争点となっているが、同判決は、一定の専門的もしくはビジネス活動を行う施設を「私的・家庭生活」との文言に含ませることは、必ずしも同条の本質的目的に反するものではないとして、法律事務所における調査が同条違反を構成すると判断されている。これにより、「私的生活」（private life）の範囲が法律事務所のような「職場」を含むものと理解されるに至ったため、雇用関係におけるプライバシーの議論を活性化させることになったのである。

もっとも、以上の議論は、あくまで欧州人権規約という国際公法が私的な雇用関係に適用されるか否かという文脈でなされるものであるから、雇用関係を含む私法関係においてもプライバシー概念が肯定されているわが国では、あえてこのような議論は不要なものと考えられる。

(2) わが国における職場のプライバシー

以上みてきたように、EUでは、条約である欧州人権規約が「公的機関」に適用され、かつ「私的・家庭生活」がプライバシーの対象と規定されていたため、これを企業に適用するための議論が不可欠とされていた。これに対し、憲法一三条の個人の自由、幸福追求権を根拠として、プライバシーの権利が企業に適用されないものとは考えられてこなかった（もっとも、プライバシーの意義・性格からすれば、労働者にとっても、私宅と職場とで差異があるのは当然である）。

わが国の裁判例においても、雇用関係におけるプライバシーの権利（もっとも、その範囲をどこまで広げるかによって変わってくるが）をめぐる裁判例は少なくない。

たとえば、労働者の思想信条を理由として、継続的監視、職場八分とともに、尾行、電話盗聴、ロッカーの無断の開扉および私物写真撮影が行われた関西電力事件（最三小判平七・九・五判例時報一五四六号一一五頁）

では、職場における自由な人間関係を形成する自由を不当に制限するとともに、その名誉を棄損するものであり、またそのプライバシーを侵害するものであると明言されている。ここで指摘される「自由な人間関係を形成する自由」とは、まさに、オリバーが指摘する人格的自治の概念と共通するものであろう。

また、上述した職場における容姿をめぐる裁判例や、引越し業務における顧客の所持品紛失に伴う従業員に対する身体検査がプライバシー侵害とされた日立物流事件（浦和地判平三・一一・二二労判六二四号七八頁）がある。

さらにセクシュアルハラスメントとの関係では、女性更衣室でビデオの隠し撮りが継続的に行われた京都セクハラ（呉服会社）事件（京都地判平九・四・一七労判七一六号四九頁）では、性的プライバシー侵害と判断されたほか、女性トイレが覗き見された可能性が大きいにもかかわらず、会社がこれを放置した結果、女性従業員が退職に至った仙台セクハラ（自動車販売会社）事件（仙台地判平一三・三・二六労判八〇八号一三頁）では、使用者は労働者の性的プライバシーが侵害されないよう職場環境を整備する雇用契約上の義務違反が肯定されている。これらは、性的自己決定権（性的自由）としてのプライバシー権と理解することもできよう。

このほか、医療情報プライバシーの問題として、HIVやB型肝炎の情報に関するいくつかの裁判例がある。まず、HIV感染者解雇事件（東京地判平七・三・三〇労判六六七号一四頁）では、使用者が社会的偏見の多い医療情報をみだりに第三者に漏洩することはプライバシー侵害に該当することとされたほか、T工業事件（千葉地判平一二・六・一二労判七八五号一〇頁）では、HIV抗体検査等を行わせたことが、東京都（警察学校・警察病院HIV検査）事件（東京地判平一五・五・二八労判八五二号一一頁）では、HIV検査で陽性が確認された者の入校辞退を求める行為が、B金融公庫事件（東京地判平一五・六・二〇労判八五四号五頁）では、採用過程においてＢ型肝炎ウイルス検査を行ったことが、いずれもプライバシー侵害と判断されている。また、看護師が体調不良のため、自分の勤務する病院で検査を受けたところ、梅毒罹患およびＨＩＶ陽性との結果が出たところ、副院長が業務上の必要があるとして院長、看護師長等に当該情報を伝えた社会医療法人Ａ会病院事件（福岡高判平二七・一・二九労判一一一二号五頁）では、当該伝達が個人情報保護法一六条の禁止する目的外使用に該当するとして、プライバシー侵害の不法行為の成立が認められている。

雇用関係におけるプライバシーを考察する際には、労働者に関する個人情報の収集増加が不可欠となっていることが無視されてはならない。使用者からすれば、企業秩序を維持し、円滑な労務管理や人事考課を実施することが不可欠であるし、家族・住宅手当等を支給するためには家族状況等の情報収集が必要とされる。また、安全配慮義務（労働契約法五条）、セクシュアルハラスメントやマタニティハラスメントに関する措置義務（男女雇用機会均等法一一条、一一条の二）、あるいはワークライフバランス（仕事と生活の調和、労働契約法三条三項）等、近年増加している法令上もしくは労働契約上の配慮・措置義務を履行するためには、幅広く労働者に関する情報を収集することが不可欠となっている。しかし、反面において、このことは、労働者のプライバシーとの調整関係が不可欠な課題であることを示している。

次に、本件で問題となっている就業時間中の録画・録音のようなモニタリングが、法的にどのように評価されるかを見ていきたい。

なお、本意見書で用いられるモニタリングとは、企業保有の電話やインターネットの利用状況を調査すること（電子メールのチェック等）や、労働者の就労状況をカメラ等で撮影あるいは録音する等、労働者の労務提供過程での言動を把握する使用者の活動と、幅広く定義することとしたい。

3　職場におけるモニタリングをめぐる法理

(1) 職場におけるモニタリングの問題点

現在の職場では、何らかのモニタリングを受ける労働者が増加しているが、その目的として、危険業務に従事する労働者の安全確認、商品等の品質・衛生管理、製品の盗難その他の犯罪防止、企業秘密の漏洩防止、労働者による労務提供の評価の態様、企業施設の不正利用の防止等をあげることができる。さらに、ＩＴ技術の発展と、それに伴う監視コストの低減化が、使用者のモニタリングを量的・質的に拡大させる重要な要因となっていることも留意されるべきである。

かつて使用者は、労働者の住所、家族・住宅関係、履歴あるいは給与のような限定された情報のみを保有し、これを紙ベースでファイルしているのが通常の個人情報収集の方法であった。しかし、ＩＴ化の進展にともない、このような状況に大きな変化が生じており、機器の小型化、軽量化、解析の高度化等が図られており、典型的なオフィスにおいて、コンピュータ化された情報収集は、労働者が出勤した瞬間に記録され、処理されている。労働者の出勤はデジタルＣＣＴＶ（closed-circuit television）システムに記録され、すべての情報を獲得するための読取りカードやパスワードが用いられ、パソコン上に記録される。労働者が業務を開始すると、データを含むＥメールを送受信し、インターネットにアクセスし、ボイスメールのメッセージを残すことになるが、そのデータは、量的に増大しながら、労働者が退勤するまで収集され続ける。

さらに、ＣＣＴＶの特徴は、そのモニタリングの継続的かつ全方位的（all-encompass）性格から、本来の対象目的を超えて、これとは無関係である労働者の私的な言動もモニタリングしてしまうことに求められるが、これこそが、まさにモニタリングがもたらす使用者のメリットでもあろう。これが、現代のモニタリングが従来の伝統的な監視とは異なる点である。しかも、秘密裡に撮影・録音されるだけでなく、収集された情報が、他の目的にも使用され得るし、労働者の承諾なしに、他の第三者に伝達される可能性も否定できないのである。また、撮影や録音が行われていることが告知されていなければ、不利益が生じそうな言動を回避することもできないし、また告知されたとしても、モニタリングされているという精神的プレッシャーの中で労務提供を継続しなければならない。

このような状況の下で、労働契約に基づき、使用者の指揮命令下におかれる労働者であっても、職場内におけるプライバシーの権利が保障されていることが想起されなければならない。そして、継続的債権関係であるとともに、生身の身体や精神を持った人間が労務提供を行うという人格と不可分である労働契約の特質からすれば、不当なプライバシー侵害が労働者に与える不利益は看過できないものである。したがって、ここでは、使用者のモニタリングに関する業務上の必要性と、労働者のプライバシーとの利益調整をどのように理解するかが課題となろう。

職場における労働者に対するモニタリングについては、電話・電子メール等の企業保有機器の私的使用の有無を調査するケースと、就業時間中の労働者の労務提供を録画・録音等のケースに分類することができよう。

（2）電子メールの私的利用

EU司法裁判所において、職場における使用者による電話のモニタリングが問題となったのが Halford v.

United Kingdom 事件（[1997]IRLR471）というイギリス国内の事件である。同事件は、申立人である女性副警部が、性を理由とする昇進差別を受けたとして申し立てた裁判での証拠を収集するために、警察が申立人の自宅および職場の電話を傍受（tap）しているのは、欧州人権規約が禁止するプライバシー侵害に該当すると申し立てた事案である。

これに対し、欧州司法裁判所は、使用者が提供する電話機器については、被用者に対する事前の告知なしに傍受できるとのイギリス政府の主張を棄却したうえで、本人の同意なしに、職場における被用者の電話を録音することは、私的生活や通信に対する侵害に該当するとして、非財産的損害（non-pecuniary loss）として一万ポンドの支払いを命じたが、同時に、イギリスにおいて、職場における電信通話の傍受を禁止する国内法の規定が欠如している事態こそが、そもそも欧州人権規約違反に該当するとした同判決の判示内容が注目される（「プライバシーの合理的期待」（reasonable respect to the privacy））。

本件では、侵害に対する事前通告がなされていなかったこと、職場での私用電話の利用が認められていたこと、さらに、申立人が性差別訴訟を遂行する目的で電話を利用していたという事実がプラスに機能したものであるが、自宅の電話が傍受されていたとの事情が結論に影響したことも無視できないであろう。したがって、本ケースにおいて、事前の告知があった場合には、結論にどのような差異が生じるかが、あらためて問われることになろう。EUでは、労働者のプライバシーへの侵害を最小化するための議論として、比例原則（proportionality test）の概念が用いられてきたが、そこでは、情報収集の目的が正当であること、かつそれを達成する手段が最小のものであることが要求されてきた点が重要であろう。

次に、わが国における同種の裁判例を概観する。

まず、使用者が保有するコンピュータ等による電子メールの私的使用をめぐる事案として、Ｆ社Ｚ事業部事件（東京地判平一三・一二・三労判八二六号七六頁）を挙げることができる。同事件は少し複雑な事案であるが、同社では、従業員各員に電子メールのドメインネームとパスワードとが割り当てられており、このアドレスは社内で公開されているほか、パスワードは各人の氏名をそのまま用いていており、社内における従業員相互間の連絡ツールとして電子メールが多用され、必要な場合にはＣＣ（カーボンコピー）で一斉送信されていたところ、営業部長Ｙの直属女性アシスタントＸ１は、Ｙから食事への誘い等の電子メールが送信されてきたため、これがセクシュアルハラスメントに該当するとの電子メールを夫である同僚Ｘ２に送信するつもりでＹに誤送信してしまった。これを受信したＹはＸ１のメールの監視を開始したが、Ｘ１がパスワードを変更したため、Ｙは社内ＩＴ部に依頼してＸ１等のメールを自分宛てに自動送信するよう依頼したところ、Ｘ１らがセクシュアルハラスメント行為でＹを告発する動きを察知し、誤送信メールも見なかったことにする等の対応をしたところ、ＹがＸ１らのメール等を閲読したことが不法行為に該当するとして、Ｘ１らが損害賠償を請求したというものである。

これに対し、同判決は、Ｘ１らの請求を棄却したが、「従業員が社内ネットワークシステムを用いて電子メールを私的に使用する場合に期待し得るプライバシーの保護の範囲は、通常の電話装置における場合よりも相当程度低減されることを甘受すべきであり、職務上従業員の電子メールの私的使用を監視するような責任ある立場にない者が監視した場合、あるいは、責任ある立場にある者でも、これを監視する立場にある者でも、これを監視する職務上の合理的必要性が全くないのに専ら個人的な好奇心から監視した場合あるいは社内の管理部署その他の社内の第三者に対しモニタリングの事実を秘匿したまま個人の恣意に基づく手段方法により監視した場合など、監視の目的、手段及びその態様等を総合的に考慮し、監視される側に生じる不利益とを比較考量した上、社会通念上相当な範囲を逸脱した監視がなされた場合には、プライバシー権の侵害と解するのが相当である」との判断を下している。会社備品であるインターネット機器の私的利用のケースにおけるモニタリングに対する労働者のプライバシーの範囲が一定程度軽減され得るという同判決の立論は、前掲Halford判決には見られないものであるが、企業保有の機器を使用する場合であっても、プライバシーの権利が否定されるわけではないこと、および職場におけるモニタリングが許容されるためには、その目的、手段、態様等を総合判断して、労働者の不利益と比較考量されるべきことが確認されたものと指摘できよう。

次に、同僚に対する誹謗中傷メール等の私用メールを過度に送受信していたことを理由とする懲戒処分の効力が争われた日経クイック事件（東京地判平一四・二・二六労判八二五号四〇頁）では、使用者は、企業秩序を維持確保するために、事実関係の調査をすることができるのが原則であるが、その調査や命令も、それが企業の円滑な運営上必要かつ合理的なものであること、かつその方法・態様が労働者の人格や自由に対する行き過ぎた支配や拘束でないことを要し、調査等の必要性を欠いていたり、調査の態様等が社会的に許容し得る限界を超えていると認められる場合には、労働者の精神的自由を侵害した違法な行為として不法行為を構成すると判断している。

さらに、会社のパソコンを利用して私用メールを送受信したことが労働契約上の職務専念義務に違反するとして普通解雇されたグレイワールドワイド事件（東京地判平一五・九・二二労判八七〇号八三頁）では、労働者といえども個人として社会生活を送っている以上、就業時間中に外部と連絡をとることが一切許されないわけではなく、就業規則等に別段の定めがない限り、職務遂行に支障とはならず、使用者に過度の経済的負担をかけない等、社会通念上相当と認められる限度において私用メールを送受信したとしても、職務専念義務に違反するものではないとして、普通解雇が権利濫用で無効と判断されている。

これに対して、専門学校教員が、就業時間中に職場のパソコンを利用して、インターネットの出会い系サイトに、メールを大量に送付したことを理由とする懲戒解雇の効力が争われたＫ工業技術専門学校事件（福岡高判平一七・九・一四労判九〇三号六八頁）では、発信元が学校のパソコンであることを推知させる状態で送信し、学校のアドレスを使用して大丈夫かとの指摘を相手方から再三指摘されているにもかかわらず、メールの送受信を継続した点において、教員として重大な職務専念義務違反があったとして、原審判決を破棄して懲戒解雇を有効と判断している。

以上の裁判例からみると、会社機器の私用通信は労働契約上の職務専念義務等に違反するものであるが、職務に支障がない限りにおいて、職場内における私的自由としての外部との通信の自由（これも、職場内における一種のプライバシーとみることも可能であろう）が認められているものと指摘できよう。

(3) 職場におけるモニタリングの裁判例

次に、職場内における無断録音等のケースにつき、わが国の裁判例がどのように判断してきたかにつき、言及しておきたい。なお、すべて録音のケースであり、録画のケースはない。わが国の裁判例を概観してみると、労働組合員等の特定の労働者の行動監視というケースが少なくないのが特徴である。

たとえば、就業時間中の監視ではないが、従業員控室に組合活動に関する情報収集のための盗聴器が設定されたとの疑念を抱き、これを設置したと疑われる主任宅等を夜九時過ぎに訪問したことを理由とする組合役員に対する減給処分の効力が争われた岡山電気軌道事件（岡山地判平三・一二・一七労判六〇六号五〇頁）では、このような疑念を抱いたことに相当の理由があるにもかかわらず、十分な説明をすることもなくなされた本件懲戒処分は無効であると判断されている。さらにプライバシーとの関係について、同判決は、「本件従業員控室は、被告〔会社〕が管理する施設であり、原告らの他にも自由に従業員らが出入りしていたものであるから、原告らは私的な会話等をすることもあったというのであるから、原告らがこのような会話を他人から聞かれていることを容認していたものとは考えられず、本件従業員控室に盗聴器を設置し会話を傍受することは、原告らのプライバシーを侵害するものであって違法なものと言わなければならない」として、慰謝料三〇万円を認容している。同事件は業務遂行中ではなく、従業員控室という企業施設のうちでも労働者のプライバシーの度合いが相対的に高い場所での事案であるといえよう。

また、新幹線車両検査作業をめぐる労使紛争の中で、遺失した組合員のノートが駅助役により複写されたJR東海大阪第一車両事件（大阪地判平一六・九・二九労判八八四号三八頁）では、ノートの遺失者を特定する際に、労働組合による怠業行為を示唆する記述が発見されたため、それを証拠化させるとともに、事後の事実調査を行うために、写しを証拠として保管することは業務上許されるとする一方で、個人のプライバシーに係る部分まで写したことはプライバシー違反とされ、上司個人と使用者に不法行為責任が肯定されている。本件は、無断録音されたものではないが、秘密裏にノートを写される行為はこれに準ずるものであろう。

業務遂行過程がモニタリングされた事例として、自動車学校の教習中の様子が秘密録音されていたことに抗議して、教習を拒否したことを理由とする懲戒解雇の効力が争われた広沢自動車事件（徳島地判昭六一・一一・一七労判四八八号四六頁）をあげることができる。同判決は、教習指導員が録音により教習態度を監視されているかのように感じて、心理的圧迫を受けるのは無理からぬところであり、その自由な同意なしに録音することは人格権を侵害するものと判断している。そのうえで同判決は、本件においてその必要があるならば、あらかじめその事情を話し、これに対する意見を十分に聞き、反対者の理由に対する意見を述べて説得し、その同意を得るかどうか等実施の方法などにつき十分に協議して、その納得を得る努力をすべきであったにもかかわらず、車内に録音機を積めとの会社命令に従えない者は帰れと命令したことは乱暴かつ軽率なものであり、本件懲戒解雇を無効と判断している。ここでは、教習の様子を録音する旨を一方的に社長命令の下に強行したものと判断されており、労働者の同意があったものとは認められないであろう。

なお、以上の事案は録音等の事案であり、今後問題となる可能性の大きい録画についてではないことに留意されるべきであろう。この点は、後述したい。

(4) 職場におけるモニタリングの実施要件

それでは、どのような場合に、職場において、使用者は労働者をモニタリングできるであろうか。ＥＵの議論においては、「合理的なプライバシーの尊重」および比例原則があげられていた。

(1) **業務上の必要性**

就業時間中のモニタリングが許容されるためには、施設管理権や指揮命令権といった抽象的根拠では不十分であり、労働者のプライバシー権を上回る高度の業務上の強い必要性がなければならない。具体的には、前述したような、労働者の安全衛生確保、品質管理、企業秘密の漏洩防止、企業施設の不正使用防止等をあげることができるが、就業時間中の労働者のモニタリングを行わなければ、これらの目的を達成できない場合に限定され、他の代替方法がある場合には、許容されない。

(2) 比例原則

以上の業務上の必要性が認められるとしても、モニタリングは、その必要に応じた最小限の方法であることが要求され、業務上の必要性が肯定されたとしても、モニタリングの方法は、労働者の人格侵害を最小限におさえる方法・態様のものでなければならない。すなわち必要性に相応した比例的なものでなければならず、具体的には、モニタリングの期間・時間、実施場所、対象等を最小限度に限定して実施されなければならない。

また、常にモニタリングの必要性が点検される必要があり、必要性がなくなった時点で直ちに中止されなければならない。さらに、セクシュアルハラスメントを防止する目的でモニタリングを行う必要が臨時的に生じた場合であっても、それにより、かえって新たなセクシュアルハラスメントを生じないように慎重に行われなければならない。営業活動中のモニタリングについても、その時間が限定されなければならないであろう。

(3) 労働者の同意の有無

従来の裁判例における事案は、すべて労働者の同意を得ることなく、無断で録音されたものである。それでは、労働者の同意さえあれば、モニタリングは許容されることになるであろうか。

通常は、労働者の同意さえあれば、その限りにおいて、プライバシー権を放棄したものとの理論構成が可能となるであろう。しかし、この場合の同意とは、対等な契約当事者間の契約関係におけるプライバシー確保ではなく、経済的対等性の確保が困難であり、大きな情報格差が存在しており、かつ、日常的に使用者の指揮命令下に置かれているという雇用関係の特質に即したプライバシー保護の議論が必要であることは疑いないであろう。すなわち、上述した雇用関係の特質を考慮すれば、たとえば「後ろめたいことがないなら、録画・録音していいじゃないか。ダメというのは、何か悪いことでもしようとしているからではないのか」と使用者から指摘された場合、労働者は、同意を拒否することができるであろうか、疑問である。そして、このことは、使用者側の必要性についても妥当するものであり、業務上不可欠である安全・衛生管理等を目的とするモニタリングについて、同意しない労働者には実施しないという選択肢はあり得ないであろうから、この意味においても、就業時間中のモニタリングについて、労働者の同意のみを要件と解することには疑問が残るところである。

もちろん、モニタリングの事実が告知されている場合と、されていない場合とでは、通常の人間行動には大きな差異が生じるのであるから、モニタリングが実施されていることを認識していれば、人間は注意して言動を行うのが通常であるから、予期しない不利益を回避できる可能性が大きいのは明らかである。以上の理由から、就業時間中のモニタリングについては、労働者の同意というよりも、業務上不可欠な理由が存在することが大前提条件と考えられるべきである。

ところで、就業時間中のモニタリングが業務上必要とされる目的は、現在の労働者の就労を文字通り監視することにあり、そこでは常にカメラを監視する者が存在しており、いったん事故があれば、直ちに駆け付けて必要な処理を行う体制が採られているのである。この意味において、カメラによるモニタリングが目的としているものは、労働者の労務提供を現在進行形で把握することにある。

これに対して、録音は、就業時間内の労働者の言動を過去形として収集するだけの、すなわち事後的な事実確認のみができる存在に過ぎない。したがって、安全確保等の目的を達成するというよりも、基本的には労働者の発言内容（時には行動を収録できるかもしれないが、音声のみではこれも困難であろう）を記録することしかできないという性格を考慮すれば、労働者の安全を図る等の業務上の必要性を達成することが困難な機器である以上、録音には労働者の同意も不可欠となろう。

(4) 基本手続規程の明文化

最後に、就業時間中のモニタリング手続の明文化が必要である。具体的には、モニタリングが①必要とされる事由、②対象範囲、③権限ある者に限定されること、④苦情処理規定等も明文化される必要があろう。

(5) プライバシーの放棄（contract-out）

前掲 Halford 判決は、職場における「プライバシーへの合理的尊重」との概念を提示したが、これは、わが国ではあまり議論にはなっていないが、「プライバシーへの合理的尊重」を雇用契約等において、事前に放棄（contract out）できるかという問題である。同事件においては、事前警告なしの電話傍聴がプライバシー侵害とされたものであるから、では事前に労働者の同意を得ていた場合には、異なった結論が導かれるか否かが問題となるが、同時にプライバシーの権利を事前に労働者に放棄させることができるかという問題が提起されている（contract out of rights）。わが国では、強行法規については放棄がゆるされないことになるはずである（もっとも近年では、たとえば広島中央保健生協（C病院）事件（最一小平二六・一〇・二三労判一一〇〇号五頁）のように、同意によって強行法規（この場合、労働基準法六五条三項）の適用を排除できるかが問題となっている）。これに対し、強行法規という概念を有しないイギリスでは、雇用契約によりプライバシーの権利を放棄できず、このような合意は公序（public policy）に反して無効と考えられている。

次に、イギリスでは、労働時間や両親休暇（parental leave）等の一定の制定法上の権利については、労働協約（collective agreement）等により例外的に修正もしくは放棄できるとされているが、差別禁止規定の放棄が許容されていないように、プライバシーのような個人の人格に関する権利を放棄させることは、集団的協定によっても許されないと解されている（H. Oliver, op. cit., pp. 330-334）。

もっとも、企業におけるプライバシー方針・基準の作成や、苦情処理という制度枠組みへの労働組合の関与が不可欠であることは、当然であることを最後に指摘しておきたい。

(6) 教育機関における授業のモニタリング

以上のように言及してきた一般企業のモニタリングの考え方は、教育機関である大学・高校等にも基本的に妥当するものと考えられる。これに対し、教員の講義・授業の録音・録画等のモニタリングと同視することができるであろうか。

⑴ 目黒高校事件東京地裁判決

この点で、本件と同様に、高校教員の授業が無断録音された目黒高校事件（東京地判昭四七・三・三一労経速七七九号）が参考となる。同判決は、まず録音に申請人教員の同意が得られたとの学校側の主張を退けたうえで、「教育は不当な支配に服することなく、国民全体に対し直接に責任を負って行われるべきである」と、教育権の独立を定める教育基本法一〇条（現行一六条）一項をあげ、「教育の本質および教育者の使命に鑑み、前記教育の目的の範囲内においてその自由と自主性を保持し、公の機関又は学校法人の理事者やその他の団体又は個人に由来する不当な支配ないし影響力から防御されなければならない。従って、それらの者は教員の教育の具体的活動の内容に立ち入って命令、監督することは避けなければならず、そのなし得ることは教員に対する適正な手段による援助、助言ないし助成でなければならない」と判示している。

そのうえで、同判決は、学校人事委員会から、申請人の生徒指導ないし授業内容について問題があること、および校長が申請人に注意を喚起するよう決議がなされことから、校長は申請人の授業内容を検討しようとしたのであるが、校長・同僚または父兄による授業参観、生徒からのノート等の借用、申請人とその同僚または校長との意見交換等、他手段によることなく、直ちに申請人の同意なしにその全授業を録音したものであり、このような行為は、高校教員に対し、その授業内容について、有益な援助ないし助成を行う前提としての授業内容の確知方法において適正な手段とは言い難く、右のような確知方法を教育の場面において直ちに容認するときは、教育の自由の空気が失われ、教員の授業における自由および自主性が損なわれることも否定できず、結局、以上の手段によって収集した申請人の授業内容を根拠として申請人を解雇した本件は、すでにこの点において前記教育基本法第一六条一項（現行）の「不当な支配」に該当し、右は公序に反し、このような被申請人の解雇の意思表示は権利の濫用として許されないものと結論している。

ここでは、授業内容に問題があるとの指摘があったので、授業内容の当否を調査するという業務上の必要性が認められるとしても、他の適切な調査手段があるにもかかわらず、直ちに申請人の授業を秘密録音したことが、教育基本法の「不当な支配」に該当するとしているが、授業時間中の教員のプライバシーを侵害したものと評価することもできよう。

(2) 大学講義の録画・録音

前記裁判例は高校教員の事案であるが、本件のような大学教員による講義については、学問の自由の保障を規定する憲法二三条や、「大学については、自主性、自律性その他の大学における教育及び研究の特性が尊重されなければならない」とする教育基本法七条二項も参考となろう。また、このような無断の講義録員の反射的効果として、講義を受ける学生の発言等も無断録音される可能性があるから、学生の教育を受ける権利（憲法二六条）をも侵害することになろう。

もちろん、大学教員の講義の録音（現在では、録画が主流であろうが）が行われることは少なくない。大学紹介のホームページやオープンキャンパスでの受験生への放映、教員の教育能力を研鑽するファカルティ・デベロプメント（ＦＤ）のための資料、通信教育でのオンデマンド授業、あるいは稀ではあるが、講義を欠席した学生へのサービス等の目的で、講義内容が録画されることは少なくない。この場合には、利用目的が明らかであるし、各々の目的や、講義という性質上、担当教員の同意なしに録画されることはあり得ないであろう。

これに対し、上述したような労働の安全性確保等、通常の企業では業務上の必要性が強く肯定される可能性のある事由が、大学の講義においては妥当することはありえないし、このため、担当教員に無断で講義内容が録画・録音される必要は全くないし、無断の講義録音は、そもそも口述著作権侵害に該当する可能性も否定できない（著作権法一〇条一項一号）。したがって、特段の事由がないにもかかわらず、教員の同意を得ずになされる講義の録画・録音は、憲法や教育基本法、著作権法等の法令に違法するものであり、かつ大学教員のプライバシーを侵害するものとして、差止請求や不法行為に基づく損害賠償請求を可能にするものである。

三　本件録音の法的評価

以上の議論を踏まえた場合、控訴人による被控訴人の講義を無断録音したことに対する法的評価は、明らかであろう。上述したように、使用者が労働者の労務提供過程をモニタリングすることは、労働者の同意の有無を問わず、原則的に職場におけるプライバシーを侵害するものとして、違法と評価される。モニタリングする業務上の必要性が労働者の被る不利益を高度に上回っており、かつその方法が最小限度の方法でなされたものである場合に、例外的に違法性が阻却されることになるだけである。たとえば、危険な機械を使用する労働者の安全を確保する場合や、企業の機密事項の漏洩を防止する等の企業にとって不可欠な事情が存する場合に限定されるところ、大学教員の講義においては、通常このような必要性が認められる可能性はほとんどないことは前述したとおりである。

そして、本件のような教育現場においての秘密録音は、教育基本法における「不当な支配」に該当することは、前掲目黒高校事件東京地裁判決により確認されているところである。さらに、本件教員のような大学教員に対する無断の講義録音については、憲法二三条の教育の自由を侵害することとなることも、前述したとおりである。

それでは、本件において、被控訴人に無断で講義内容を録音するための特段の業務上の必要性が控訴人に存在したものと評価できるであろうか。控訴人の主張によれば、本件ガイダンス資料には、被控訴人が履修者数制限措置に反対していることや、本件履修者数制限措置によって授業を履修することができなくなった学生に教務課へクレームを入れるように呼びかける文言とともに、教務課の電話番号まで殊更に記載していることが判明したことから、被控訴人のガイダンスの内容を確認する必要があると判断したとされている。これに対し、本件一審判決は、上記のような被控訴人の言動が、大学が決定した方針に明らかに反するものであって、学生に混乱を招くとともに、大学の業務を妨害しかねないものであったということができるから、センター長らがこのような判断をしたこと自体の合理性は是認することができ、不当な動機・目的があったということはできないと判断している。

ところで、この問題を判断するためには、一般企業とは異なる高等教育機関としての大学における組織の在り方、大学における教員の位置づけ等を理解することが不可欠であり、これが本件の評価にとって決定的な意味を有していることが想起されなければならない。大学も組織体である以上、それを運営するためには、一定の秩序形成が不可欠であることは否定できないが、その在り方が通常の企業とは異なるのである。以下、具体的に検討していきたい。

まず、原審は、控訴人の機構会議が履修者数制限を決定していることをもって、「大学の決定」があったと判断している。問題は、このような講義方法・態様に関する決定が、各教員に対してどの程度の拘束力を有するのかである。

大学の教育事項に関する決定は、各学部教授会から選出された委員から構成される全学委員会が、全学に共通する事項を決定し、これが各学部教授会で報告されるというのが通例であろう。そして、これは、教授会の審議事項ではなく、報告事項にとどまるのが通例であろう。原審は、この決定が、あたかも一般企業における業務命令や職務命令のように各教員を拘束するような理解をしているように思われるが、個々の教員の教授の自由が保障されるべき高等教育の場である大学の教育方法に、通常の企業の論理で処理しようとするものであり、あたかも大学が上意下達の機関であるかのように理解しているものと指摘せざるを得ない。

以上のように、どのような教育方法が望ましいか一律には決定できないにもかかわらず、本件一審判決は、担当教員の教育方法に関する主張を一切無視して、大学の決定が業務命令として当然に担当教員の教育方法に関する主張に優先するかのような判断をしているのは、高等教育としての大学における教員の教授の自由をないがしろにするものと言わざるを得ないのである。大学の講義には、講義科目、語学教育科目、体育系科目等、多様な科目があるが、教育効果が人数の多寡に左右される教科と、左右されない教科があるのである。もちろん演習科目や語学科目等の科目のように、少人数制の授業が相応しいものは別として、本件教員が担当する倫理学のような通常の講義科目の場合には、学生数が多くなれば、それだけ担当教員による講義や採点作業が負担になるだけの話である。講義内容だけでなく、受講学生数をどこまで受け入れるかは、基本的には担当教員の専権事項の範囲内の問題であり、大学や教授会が講義科目の履修学生の上限を設定したとしても、それはたかだかガイドライン以上のものではなく、各担当教員自身が科目の特性や教育効果を考えて、履修受入れ人数を決定するものであり、履修者数制限があっても、一定の例外が認められるというのが通常の大学における教育現場の在り方であろう。むしろ受講学生数を制限することは、反対に学生の希望科目を学修する権利を侵害する結果となるし、抽選で選抜することが教育現場の在り方としてふさわしいかも疑問である。

以上の観点からすれば、被控訴人が自己の担当科目履修者数制限に反対していることも、けっして不当な主張ではないのである。

この点に関し、原審は、本件教員の言動により、学生の混乱を招き、大学の業務を妨害したとの理由に基づき、無断講義録音の必要性を認めているが、秘密録音をせねばならないほどの学生の混乱や大学業務の混乱が生じていることを、控訴人が具体的に立証しているとは、到底理解できないものである。したがって、控訴人に秘密録音の必要性を認めるには、あまりに抽象的な理由にとどまっているものであり、具体的にどのような混乱が学生に生じるのか、どのような大学業務妨害が生じるのかが、全く明らかにされていないといわざるを得ない。

また、百歩譲って、原審が指摘するように、たとえ控訴人が事実確認する必要性があったとしても、目黒高校事件判決が判示するように、録音以外の方法での事実確認を行うことも可能であったはずである。本件において被控訴人の講義を秘密裡に録音する必要性は全くなく、センター長が被控訴人から事情を聴取し、なぜ控訴人が履修学生の制限をする必要があるのか、例外を認めないならばその理由等を説明すれば済むだけの話である。また、講義内容を録音する必要があるとしても、まさに前掲広沢自動車事件判決が示すように、録音の必要性を堂々と説明すべきであったのである。以上のように、秘密録音回避の方策を検討すべきであったにもかかわらず、控訴人はそのような努力をまったく怠っている。というよりも、このような録音が不正であることを了知していたからこそ、控訴人は秘密裡に録音せざるを得なかったものと推測せざるを得ない。

以上のように、秘密裏に講義内容を録音することは、被控訴人の教授の自由を侵害し、不当な教育への支配に該当し、かつ業務遂行過程におけるプライバシーを侵害するもので、大学教員や労働者としての人格権を侵害し、不法行為を構成するというべきである。

ところで、大学は、本件録音の対象はガイダンスであり、講義ではないから問題がないと主張しているが、両者を峻別することは困難かつ無意味であるし、たとえガイダンスであっても、これから行う講義の基本方針・内容の全体像を学生に伝える講義内容そのものである以上、講義である点に相違はなく、またガイダンス自体も第一回目の講義としてカウントされるのであるから、控訴人の主張は失当である。

以上の観点からすれば、「教授の自由（憲法第二三条）が保障されるべき大学教授に告知することなく、大学が当該教授を録音するということが、当該教授に対する不法行為を構成することがないとはいえない」としながら、「本件録音行為が、使用者としての地位に基づいて認められる本件大学の管理運営のための権限の範囲において適法に行われたものであるから、本件録音行為は教育基本法一六条一項に規定する不当な支配に該当するものではなく、原告に教授の自由が保障されていることを考慮しても、原告の学問的研究活動を侵害し、自由な教育の機会を奪うものとして、その人格権を侵害するものではない」とする一審判決の判断を支持することはできない。教授の自由（憲法第二三条）が保障されるべき大学教授である被控訴人に対し、録音する特段の必要性もなく、かつ事前の手続きも履践することなく、控訴人が講義内容を無断録音したことに対し、安易に業務上の必要性を肯定しており、不当であるからである。

四　本件懲戒解雇・普通解雇の効力について

１　解雇事由相当性

本件において、控訴人は、被控訴人の以下の行為が、控訴人就業規則（以下、就業規則。）二六条二号「業務に必要な適応性、適格性、職務に適さないと認められるとき」、あるいは同条四号「その他前各号に準ずる程度にやむを得ない事情があるとき」に該当するとして、被控訴人を普通解雇としている。そして、控訴人は、本件労働審判では一〇の解雇事由、原審では二〇の解雇事由、本審では三〇の解雇事由を挙げているが、控訴人の主張する事由が、就業規則の解雇事由に該当するか否かの検討から始めたい。

(1)　主位的請求としての懲戒解雇の効力

平成二八年八月二六日付の被控訴人に交付された「懲戒事由説明書および陳述の機会の告知書」（以下、「説明・告知書」。）によれば、被控訴人に対する懲戒解雇事由として、①欄外注意書きを記載した本件テスト用紙等を学生に配布し、授業時の被控訴人の発言を録音した資料をA教授に提供した人物に関する情報提供を呼び掛けた行為が、就業規則三一条二号に定める懲戒事由に該当すること、②本件補足説明をしたことおよび被控訴人がポートヘボンによる訂正に応じなかったことが、同規則三一条号および二号の懲戒事由に該当すること、③本件秋学期アンケートに係る「授業評価結果の考察」の授業評価報告書への掲載を電子メールで要請したことが同規則三一条一号の懲戒事由に該当すること等をあげている。

これに対し、原審は、まず、①について、原告の行為は、本件欄外注意書きの内容に鑑みれば、あたかも本件録音行為が違法に行われたものであり、A教授がこの違法行為に関与していたかのような印象を学生に与え、このような不快な言動によりA教授の人格を傷つけたもので、同教授の就労環境を悪化させたものと判断している。たしかにA教授の実名を示して情報提供を呼び掛けた被控訴人の行為は相当であったとは言い難いものであるが、被控訴人がこのような行為に出たのは、そもそも教員の講義内容の無断録音という、大学ではあってはならない行為が行われたことに端を発したものであり、被控訴人のみを責めることは相当ではなく、たとえ控訴人の就業規則に該当するとしても、懲戒処分の対象となるものではない。

次に、②についても、教授会の決定に基づくポートヘボンによる本件欄外注意書きの訂正および謝罪の要請を受けたにもかかわらず、被控訴人がこれに応じなかったのであるから、このような被控訴人の行為は、「職務上の義務に違反したとき」に該当するとしても、秘密録音行為の正当性を控訴人が被控訴人に十分な説明をしていなかった以上、被控訴人がこれに応じなかったこともやむを得ないものであり、懲戒の対象とすることはできない。なお、本件謝罪要請自体は懲戒処分足りえないが、業務に関する事項とはいえ、個々の教員間の謝罪要請を教授会が機関決定できるか否かには、若干の疑問が残るところである。

そして、③の授業評価報告書への掲載要請の件については、原審も指摘するように、一定の見解に基づき、教員がその掲載を要求することが、懲戒事由とはなり得ないであろう。そもそも一定の決定事項であっても、それに対する要請を行うことが目的外使用として懲戒事由となることは考えられず、ましてや大学における教育をめぐるケースでは、このことはより妥当しよう。

以上により、控訴人の主張する被控訴人の行為は、そもそも懲戒事由に該当しないか、あるいはそれに該当するとしても、懲戒解雇という最も重い処分に付することは、懲戒権濫用に該当し無効である（労働契約法一五条）。

（２）予備的請求としての普通解雇の効力

控訴人は、上記「説明・告知書」によれば、上記懲戒事由に加えて、本件厳重注意一および二の対象となった言動や、授業において不適切な教科書を使用していることを理由として、就業規則二六条二号および四号の解雇事由が認められるとして、予備的に普通解雇するとしていた。

⑴　平成二三年四月九日の言動

B教務課長が控訴人の方針に従って、被控訴人の授業が行われている教室に赴き、履修者数の制限について説明したと、当然のように、原審は認定している。しかし、教室は教員が自己の責任で講義を行う場所であり、その許可を得ている場合はともかく、一方的に職員が入室することは、教育現場ではありえないことである。控訴人では、このようなことが常態化しているとすれば、通常ではないと考えられるが、緊急の事態でない限り、担当教員の了解も取らずに事務職員が教室に入ることは、教員の教育権侵害である。学生の面前でバカと述べたか否かは当事者間に争いがあるが、当該教員の許可を取らずに職員が入室し、一方的な説明をさせた控訴人側にむしろ責任が存するのであり、被控訴人のみを責めることはできないはずであり、普通解雇事由に該当すると解することはできない。

(2) 使用教科書の内容の妥当性

控訴人は、被控訴人の使用する教科書の内容が不適切であることを普通解雇事由にあげている。たしかに控訴人は、キリスト教の福音主義を理念とした私立大学であるから、それを基本理念とする教育内容を行うことが許されているのは当然である。しかし、控訴人は、同時に学校教育法により設立された学校法人であり、国から補助金を受けている高等教育機関でもある。したがって、控訴人は、特定の思想・信条を有する経営組織（いわゆる傾向経営）ではありえない以上、その教職員が大学の理念を批判することは、それが誹謗中傷に至らないものであれば、学問の自由の範囲内のものとして許容されよう。とりわけ被控訴人は、研究教授する倫理学において、行動の規範となる物事の道徳的な評価を理解しようとする、哲学・倫理学を研究することを目的としているのであるから、当然一定の批判を行うことは当然である。さらに、被控訴人には、憲法二三条により学問の自由が保障されていることからすれば、本件教科書使用を理由とする解雇や不利益処分は、公序違反と評価されるのもならず、前述した教育基本法一六条が定める「不当な教育の支配」にも該当することは当然である。

(3) その他の普通解雇事由

控訴人は、被控訴人が大学教員としての資質を欠くとして、成績評価、授業運営ないし履修制限等につき縷々事由を列挙しているが、いずれも大学外に排斥するという重大な不利益を伴う普通解雇事由には該当することはない。また、大学教員としての資質を欠くというのであれば、解雇前に改善指導なりをすることが要請されるはずであるが、このような指導を行うことなく、一挙に解雇に及んでいることからしても、本件解雇は、解雇権濫用と評価される（労働契約法一六条）。

(3) 解雇手続違反

控訴人からなされた被控訴人に対する本件解雇（懲戒解雇ないし普通解雇）の効力については、結論としては、第一審判決の判断と同様と考えられるが、同判決が指摘していない以下の論点を付加しておきたい。

第一に、就業規則によれば、教授の懲戒処分については各教授会の議決に基づき、学長が行うとされている（三四条一項）。被控訴人が所属する教養教育センター教授会では、当初（平成二八年二月一〇日の教授会）には降格が相当との議決をしておきながら、理事会からの要求を受けて、後の教授会（同年七月六日）において、本件解雇を再決議している。すなわち同教授会自体が普通解雇とするのは困難であることを自認して、降格処分を決定したことの証左以外の何物でもない。にもかかわらず、同教授会は、再決議において被控訴人を解雇しているのであり、これは一事不再理の原則（この原則は、刑事法だけでなく、本件のような大学による処分にも適用されるのは当然である）に反するものであり、教授会による本件再議決は、「一時不再理の原則」に反するものとして、そもそも無効である。

次に、同教授会の再議決においては、主位的に懲戒解雇、予備的に普通解雇が相当とされている。しかし、企業秩序違反に科される懲戒解雇と、労働能力不足等の債務不履行的行為を対象とする解約である普通解雇とは、その事由・手続等が峻別されるべきものである。使用者側代理人が、敗訴を回避するために、訴訟上、このような主張をすることはともかく、所属教員に対する重要な不利益処分を行う主体としての教授会が、懲戒事由であるか、債務不履行であるかの解雇事由を特定できずに行った解雇自体、効力が生じるものではない。このような不明確な議決がなされたこと自体、同教授会が自主的に判断したというよりも、理事会による圧力を受けて議決されたことの証左であり、本件再議決自体が効力を有することはありない。

以上の理由に基づき、被控訴人になされた懲戒解雇ないしは普通解雇は、そもそも就業規則所定の各解雇事由に該当しないだけでなく、手続的に重大な瑕疵があり、いずれにしても無効である。

〔付記〕

今回の学術会議の問題は、わが国政府の反民主主義的性格を如実にあらわすものである。民主主義の根幹である平和主義、情報公開、学問の自由の尊重という原則に暴力的に介入し、対話を拒否することに恥じない行為が継続されており、法治国家の体をなしていないのが現状である。このような異常事態が平常となった場合、国家や社会にどのような事態を生じさせるかは歴史が教えるとおりである。

歴史・哲学・倫理をはじめとする学問を学ぼうとせず、政治の下僕とすることを望むものが支配する国家の将来を待ち受けるのは、暗澹たる荒野である。

第3章　大学はパワハラ・アカハラの巣窟

不破　茂

「ガバナンス改革と大学の自治」というのは、ブックレット『学問の自由』シリーズ所収の諸論考の重要なテーマでもあるが、本章ではまず、国立大学におけるガバナンス改革とされるものの実態を述べたい。その後、学問の自由と大学の自治を巡る法的問題を、法律解釈学としての教科書的記述ではなく、法社会学的見地より扱う。他の論考に比して、大学におけるハラスメントを生み出す、人的組織的、および法学的構造を、経験的、社会学的に扱うものである。（注1）

一　大学の自治と学部の自治――ハラスメントを生み出す組織的構造

1　大学の自治と教授会の自治

二〇一五年学校教育法の改正により、国立大学においても大学ガバナンス改革を目的として、法文上、学長権限が強化された。もっとも、実態は、学長単独で決定し、上意下達によって大学が運営されるというには程遠い。大きく変わったとも思われるのは、教授会の権原が縮小したと感じられることである。大学の運営は蛸足型の意思決定メカニズムに従って行われていた。教授会の決定を積み上げて、漸く大学全体の意思決定に至る下位上達式であったのである。教授会の決定には、大学本部が口出しすることがあまりなく、一個の大学といっても、大学という機関が各学部の親睦組織であると言っても過言では無い時代があった。従って、学部の最高の意思決定機関である教授会の決定こそ至高の存在であり、従来、大学の自治は結局、学部の自治すなわち教授会の自治であった。

もっとも、文科省が大学運営を主導するという全体像は、二〇〇四年（平成一六年）の国立大学法人化後も変わらない。国立大学の独立行政法人化は、大学の自主性を重んじるという大学の構造改革がその目的であるが、(注2) 他面、行政改革のための全般的な国家機関の民営化、非公務員化の流れに沿うものである。しかし、些少な裁量の余地はあるものの授業料すら自由には決定できず、会計年度に縛られながら新たな財源創出や大学資産の自由な運用もままならない。運営費交付金という大学の財布を文科省に握られたまま、新学部の創設、改廃や学部間の学生定員比率の変更など、何をするにしても文科省の顔色を覗うしかないという状況は、法人化以前とほぼ異ならない。国立大学間の格差もあるので、全ての大学が同じだとは言えないが、むしろ、どのような改革にせよ、大学側には何らの自由もない。大学がどのように変わりたいと申し出ても、その思うようにはさせず、却って、後述するようにミッションの再定義という大胆な、無理難題とも言うべき大改革を文科省から一方的に押しつけられたのは驚きであった。穿った見方をすれば、そのお題目に反して、国立大学には自立的に発展する指向性を持つ改革は許されず、縮小方向の改革のみが有り得る。従って、大学の自治と言っても、文科省の掌の中での限られた自由・自治に過ぎない。

法人化により、教育公務員特例法の適用がなくなり、学長権限を強化し得る体制ができたのである。ところが、法人化後も、従来通りの教授会自治型の大学運営が慣例的に維持された。教授会決定に依存する旧来の意思決定に係る慣行が既得権化しており、それほどに強かったのである。これを改めさせたのが、前述した学校教育法の改正である。法人化により、思い切ったリストラすら可能であるという目論見が示されていたところ、遅々として進まなかったのを、この法改正を契機として、学長権限を強化しつつ、後に見るように、大学予算の長期間に渉る漸次的の削減を背景とした大改革を、文科省が強引に推し進め、近年、漸くこれが実現されつつある。

「教授会自治」にはメリットとデメリットの双面がある。教授会の構成メンバーは、大学や学部により相違があるが、その学部に所属する教授、准教授、講師等の大学教員である。理系か文系かといった学問分野の性質や、やはり大学毎、学部毎に違いがあるが、国立大学文系学部では、教授と言っても平（平社員の平）の教授には大した権限もなく、准教授以下と変わらない。給料もそこまでの違いがないので、ほぼ名誉職と言って良い。もっとも、学部長などの管理職になるための前提ではあるので、上昇志向のある場合には、教授に昇任することが極めて重要となる。私の所属する大学においては、准教授、講師など、まさに一兵卒であっても、教授会において自由に発言を許され、一人一票の重みも変わらない。その意味で教授会自治は、民主的な意思決定システムである。これがメリットである。

他面、特に文系学部では、教授、准教授が各々の個人研究室を構えて、単独で教育研究を行う。各人がいわゆる一国一城の主人として、教授会の都度、長時間にわたり喧々諤々の議論を重ねるという場合、往々にして「会議は踊る」のであり、容易に結論に至らない。下手をすると、新しいことは何も決められないということにもなりかねない。このことが、大学の変革に対する障害となっていたことは否めない。

2　大学経費の削減と大学改革という名のリストラ――文科省の掌の中の大学の自治

これが先の教育基本法の改正により、様変わりしたのである。教授会の変貌について述べる前に、数年前に吹き荒れた大学改革の嵐に触れておこう。学部ミッションの「再定義」が文科省により厳しく求められ、否応無しに大学改革・改組を迫られたのである。(注3) 全国の国立大学文系学部が、教員養成系、人文系、社会科学系など、専門分野毎に細分化されたあり方を止め、卒業時に有すべき人材としての資質、能力に焦点を合わせたカリキュラム編成を行うというその目的自体は、一定の評価が可能である。しかし、学問分野別の学部構成を止めさせ、実のところ、この改革は文系を大きく一纏めにするという指向性を顕著に有し、国立大学全体の縮小という政策目標と組み合わされると、異なる実態が浮かび上がる。日本の少子高齢化により、大学進学希望者に比して大学の学生定員が多すぎる事態に至るという、大学の危機に対応することがその真の目的であるというのも、あながち穿った見方とも言えない。

この改革に際し、大学内部では次のように説明されていたのである。財務省が、大学を国家財政の金食い虫であるとして、その統廃合を強く要求したのに対して、文科省がこれに抵抗するために、各大学に改革を求めたというのである。文科省からすれば大学を守ることが省益に適う。これは結局、大学の学生定員を守るということに尽きる。学生定員がすなわち、大学が抱えることのできる教員定員を決定し、その雇用を守るということに通じ、また交付金の重要な算定根拠だからである。しかし、財務省の予算削減圧力は強く、本格的な人口減少社会であってみれば、大都会の都心部にある大学が未だに拡張を続ける中、ことに地方大学は斜陽産業たらざるを得ない。ミッションの再定義などという、上からの強引な訳の分からない改組圧力は、やはりこの後の大学統廃合による定員削減の前提であり、その激変を若干緩和するものに他ならないのであろう。

実際、このところ下げ止まったともされるが、法人化以来、継続して、全国の国立大学に対する運営費交付金の毎年一％の減額が実施された。運営費交付金の配分方法としても、単に大学規模に基づく平等の配分ではなく、大学毎の目的に基づく機能強化に向けた中期計画の実施状況を評価しつつ重点配分するという競争的契機が導入された。機能強化という美名に騙されてはいけない。予算の重点配分というのは、実際は、金蔓を絞るという意味であり、大学が文科省の要求する予算削減を、いかに格好良く実行できているかがその実質的基準となる。法人化に伴い、大学が文科省から独立、自立した運営を可能にするというのは偽りであり、結局、財布を握ったままの文科省の支配が一層強まったというのが、大学人としての率直な感想である。

教員に対する研究費も全般的な削減の中で、一部を競争的資金化して配分する方式に改められた。また、文科省の大学教職員の人件費削減圧力は強く、定期昇給停止の継続などにより給与に係る予算が削減された。更に、事務職員の定年不補充方式によるリストラをある程度終えた後、全国の国立大学法人において、教員の削減が始まっている。(注４)人事に関するポイント制の導入に、事務職員の削減にも用いられた定年者不補充と呼ばれる方法が組み合わされる。国立大学法人職員は準公務員として公務員としての身分保障があるとされるので、生首を切るようなリストラは問題を生じるからである。定年者が出ると、その教員の担当する科目を教えられる教員が居ないとしても、新規採用ができない。結果的に、その学部で開講する科目数が減って行く。文科省としては、各大学の人員が十分減ることを待っているのである。その後に、大学間の統廃合を予定しているとしか考えらない。都心部のマスプロ私立大学がますます拡張を続ける中、地方大学の衰退が顕著となる。優秀な若手教員は、もはや地方国立大学に見切りを付けて、続々と逃げ出していっている。

3　学長権限の強化と教授会の自治の衰退

大学改革の名の下、全国の国立大学がこぞって学部再編による新学部を創設した。私の所属する大学も文理融合型の新学部を作った。その新学部では、そもそも教授会が定期的に開催されることがないそうである。大学本部に直結した新たな学部の運営主体が重要事項を決定し、所属教員はそれに従うしかない。既存学部でも、教授会は存続しているが、従来とは様変わりしている。従前であれば、教授会決定事項として、事前の情報開示と議論がなされていたような問題について、学部長及び周辺の有力者間で決めてしまい、教授会では事後的な報告に留めることが極めて多くなった。教授会は単なる諮問機関として、重要事項の決定に対して蚊帳の外となる。大学全体としての意思決定は、学長の下、理事、副学長らによる役員会等（大学により名称が若干異なる）が行うが、理事・副学長、評議員などの大学執行部にしても各学部から公平に選出される。各学部選出の大学役員及び学部長等の学部執行部は、当該学部の複数の有力教授間での話し合いで、ほぼ順送りで決まる。従って、大学執行部は各学部執行部と密接に連携しており、こうした有力教授間で決定した学部の決定を全学として承認する仕組みができたのである。

以前の教授会自治においては、学部長が教授会の顔色を伺うという側面もあった。しかし、それは教授会が教員らの派閥抗争の場として修羅場化する場合であって、学部長がよく教員らを掌握する派閥均衡と派閥の長たる有力教授のボス支配とが組み合わされることも多く、この場合にも、有力教授間の決定を平穏理に教授会決定とすることは可能であった。講座という形式をとる派閥はいわば長たる有力教授に率いられ、派閥に属する教員の党派的行動となって表れる。大学予算の全般的な削減に伴い、従来、年功序列に従っていた教授等の昇任人事に競争原理が導入された。このことは、評価方法が不透明であると、有力教授の支配が強まることにも通じる。現行の実務は、基本的にこの仕組みを継続させたまま、学長直下型の端的に分かり易いシステムになっただけであるとも言える。

要約すると、従来型の教授会の自治は、職位に関わらない民主的な大学の意思決定に通じたが、弊害もあった。既得権を守ることに汲々とする学部教授会には、大きな変革は望み得ないということであった。教授会権限の縮小に伴い、形式的には学長の権限行使であっても、形を変えた学部自治が温存された。そして、学部の自治は、各学部における悪弊を覆い隠すものでもあったのである。ある学部における重大な問題点が、他学部からも気付くほどであっても、学部自治の壁に阻まれて、全学の立場からの矯正が望み得ないからである。教授会の自治は、教員個々の学問の自由を守る役割を持つ側面を有したが、反対に、学部がパワーハラスメント、アカデミックハラスメントの温床となるとき、対象となる教員の人権を横暴にも侵害するものともなった。この点は、学長権限を強化した大学におけるガバナンス改革の結果、前者の利点を減殺してしまい、教授会自治が有力教授のグループによる強権にすり替えられ、後者のような欠点はそのまま据え置かれた。大学は学問の府とされるが、構造的にパワハラ、アカハラの巣窟なのである。

「学問の自由」は、組織としての大学に及ぼされるとき「大学の自治」となり、また、研究者個人に保障される。本章はこの間の緊張関係を論じた。日本学術会議会員の任命拒否は、政府機関の所属員の任命という人事の問題であるが、拒否の理由が政治的理由に基づき研究内容を問題とするなら、その研究者の学問の自由を侵害し、政治信条の表明を問題とするならその表現の自由を侵害する。

二　大学の自治と学問の自由――ハラスメントを守る法的構造

1　学問の自由（憲法二三条）と大学の自治

以上の法的な〈裏付け？〉ともなるのが、憲法に保障された学問の自由（憲法二三条）である。戦前の滝川事件や天皇機関説事件をみれば判るように、その歴史的経緯に照らしても、極めて重要な規定である。筆者もこれを不当視するものでは決してない。学問の自由の制度的保障として大学の自治がある。著名なポポロ事件（最高裁昭和三八年五月二二日判決）という判例がある。これによれば、大学の自治の内容として、教授その他の研究者の人事の自治と、施設・学生の管理の自治が認められる。

施設管理について言えば、重大な犯罪行為が、現在、行われているというときに現行犯逮捕するために、警察が大学構内に入構することは認められるものの、その前段階において、調査ないし捜査することは、大学側の要請ないし同意なしには原則として許されない。そうすると、例えば殺傷事件など人の生命に関わる犯罪であれば別論であるが、犯罪の性質によれば、現に犯罪が遂行されているという情報が警察に伝えられたとしても、警察が大学側に通知して同意を促している間に、犯人が犯行を終えて証拠を隠滅することができたなら、もはや手遅れである。地方国立大学がその地域社会の学問的権威の象徴であるだけに、教職員が関係するなら新聞報道など大きなスキャンダルとなり、文科省に対して失点となる。犯罪の軽重に関わらず、重大な人権侵害に該当する場合が有り得る。万一、大学がこれを隠すために、犯人に捜査開始を知らせてしまうとするなら、警察としては誤った情報に基づき捜査をしたという非難を被る恐れがある。大学の自治が、犯罪捜査の謙抑的効果を有するのである。ポポロ事件は、大学側が事前に承認した学生活動との関係で、警察の公安活動としての事前の調査が許されるかという点が問題となった事件であり、判決が大学の自治を狭く解釈した点に対して、憲法研究者の間でも争いがある。ここでは、その当否を置いて、現実の警察実務との関係で、必ずしも法律論としてではないが、次の様な問題提起をしておこう。

警察には非常に広い捜査裁量が与えられている。前述の公安活動など、政治的、社会的な一定の要請がある場合を除けば、緊急性のある事件は別論、警察も限られたリソースの下、犯罪行為と結果についての具体的な事実関係が明白である場合を除き、犯罪捜査を行うか否かは正にその裁量に依る。偶然、大学の自治と警察の謙抑的態度との不幸な組み合わせを生じてしまった場合、重大な犯罪行為が大学構内において遂行されていたとしても、容易に調査ないし捜査が開始されない。犯罪の現場が大学構内ないし大学施設内である限り、警察官が入構する際には大学に通知を行うという実務があるので、この事情の下で現行犯逮捕までが可能か、あるいは犯罪行為の軽微性といった警察の価値判断に従い、場合によっては恣意的に犯罪捜査が回避されることがある。この場合、大学の自治が治外法権を意味してしまう。

２　民事裁判の仕組み

研究者の人事に関する問題が大学の自治の内容の一である（前述のポポロ事件最高裁判決）。大学の自治を享受する主体が、機関としての大学であるとして、更に具体的に、学長であるのか、教授会であるのかは一個の問題である。最初に述べた学校教育法の改正により、少なくとも人事に関して、教授会は学長の決定を補佐する審議機関に過ぎないとして、明確に位置付けられた。法人化前、教育公務員特例法の解釈上、この決定権限が教授会に属するとも解し得たところを改めたのである。必ずしも専門分野が同じではない研究業績の優劣を決めることは、学長個人には困難であるので、これを理由とする教授会の意見に従わざるを得ない場合が通常であろう。

大学教員の人事が争われる民事事件について述べる。大学の自治の内容とされるので、このことに関する大学の裁量も非常に広い。人事を巡る裁判としては不当解雇を訴える事件が多いが、昇任・昇進に関する訴訟も幾つか存在する。解雇については、解雇権濫用の法理（労働契約法一六条）があり、大学教員については、教員個人の学問の自由の保障とも関係し、大学側の恣意的な解雇が認められないこともある。(注5) また、大学教員の事例を離れて、一般企業を含めて考えると、憲法第二八条の「労働三権」（団結権・団体交渉権、団体行動権）の保障に基づき、労働組合員であることに基づく昇進差別など、労働組合法に規定する労働者の権利侵害に対する保護がある。いずれにせよ、労働法上の原理が働く場合には、原告側が勝訴する例が見られるものの、しかし、その要件は厳密であり、立証の困難もある。

他方、大学の教授等の昇任・昇進人事について、司法審査の対象とはなされるものの、大学の裁量範囲が更に一層広範である。ある下級審判決によると、私立大学の事件であるが、対象者が理系教員である場合に、ノーベル賞を取ったというのでも無い限り、教授昇任をさせないことが大学側の裁量範囲を超えることはないとまで言っている。(注6)

また、最近漸く、殊に学生に対するものとしては、パワーハラスメントやセクシャルハラスメントに関する大学一般の意識が高まり、教員同士の相互監視による抑止や、一般に、大学としてのハラスメント調査の手段が整えられつつある。しかし、これが職員同士の問題としては、たとえ調査の申し立てをしたとしても、通常、お座なり、あるいは有力教授が加害者とされる事件では、お手盛りの調査となることが多い。有力者間の仲良しグループの一角であったとすれば、尚更、上に述べた学部自治の壁に阻まれてしまう。やがては卒業していなくなる学生と異なり、退職までの間、同じ職場で更なる怨恨の対象となる。事務職員については、部署間の移動により救われることもあるが、教員は教育・研究の専門性ゆえ、学部間の移動は困難であり、学部の移籍は労働環境の切り下げに通じる。

仮に、調査の不当を裁判で訴えたとしても、やはり大学の自治とも関係して、調査に関する大学の裁量範囲が広範である。ある裁判によると、調査が「社会通念上、極めて不公平であるなど特段の事情を、訴える側が立証しなければならない」とされる。極めてハードルが高い基準と言わざるを得ない。仮に、大学が重大な人権侵害事件などスキャンダル隠しに走ったとすると、被害者は全く救われない（注7）。

必ずしも法専門家ではない一般の方を想定して、民事裁判について、法学の初歩的な問題の解説を交えながら、立証責任という考え方と、和解に関する裁判実務について述べたい。

民事事件は弁論主義に基づく。当事者主義とも呼ばれるが、裁判は当事者の提出する主張および証拠資料にのみ基づく必要があり、裁判所はこれに拘束されるという法理である。職権探知主義といって、裁判所が自由に証拠を収集できるとする方法もあるが、民事事件では原則として、裁判所はこれをしてはならない。そして、両当事者が提出した、主張、証拠の範囲で、裁判所が自由心証主義に基づき、事実を認定し、判決するのである。労働法上の事件を別にすると、不当な人事や嫌がらせなどを精神的苦痛として訴えるハラスメント裁判を提起する場合には、一般の不法行為に基づく損害賠償請求事件として提起される。加害側＝大学と被害側＝原告との関係で、法的観点および事実関係についての主張と、立証の責任が原告の側にあることになる。このことは重要なことである。原告の方は、裁判官に、特定の事実関係があるとの確信を抱かせる必要があるのに、被告側は、「原告の言い分をぐらつかせる程度の信憑性があれば足りる」(注8)からである。当事者の主張について、確信を抱くとか、信憑性があるという裁判官の心象のあり方を心証形成と呼ぶ。双方の当事者が自己に有利な心証形成を目指して裁判官を説得するわけである。証人の証言や態度、書証などの客観的な証拠が重要である。端的に言えば、一般にハラスメント裁判においては、原告側が有無を言わせないほどの決定的な証拠を提出するのでなければ敗訴する。例えば、暴言を吐いている録音やメールなど、加害側が大学教員などで「洗練されている」と、陰湿なものであればなおさら、このような証拠を被害側が獲得すること自体、困難である。組織ぐるみのハラスメントであるような場合、被害者に有利な証言をしてくれる内部的な証人を見つけることも至難の業となる。他方、大学側は、通り一遍の正当性の主張で足りる。

本来、大学の自律的な解決に委ねられる趣旨に鑑みて、形式的に手続きを履践するというだけではなく、誠実で真摯な調査がなされるべきであるが、一で述べた構造を背景として、有力教授に楯突いた者が弱者として「喧嘩」に負けるのは当然という見方をされるのが落ちなのである。形式的に定められた手続を行うだけで良く、内容はお手盛りであれ構わない。有力教授間の馴れ合いと事務職員の官僚的事なかれ主義の賜である。

他方、裁判制度に対する過度な期待も禁物である。多くの場合に、日本の裁判官はキャリア官僚よろしく、日常的な仕事である裁判を淡々とこなしているに過ぎない。報道を賑わすような大事件でもない限り、裁判官は決して法の番人でも、真理や正義のための審判者でもない。判決を書く（実務家は起案と言う）ということは、判断が上訴により覆されないように余分の神経を使う、裁判官にとって大きな労力を強いる作業である。できるだけ面倒を避けたいという心情が働き、加えて、裁判所組織としての審理の迅速化圧力の下、裁判官にとって和解が好まれる。(注9)対立する両当事者を宥め、賺し、脅しながら和解に持ち込むことが、裁判官の重要な技量の一つなのである。紛争解決の方法としての和解の効用があるとしても、和解を拒絶することに対して、「せっかく当事者のために良い和解案を考案したのに」という裁判官の憤慨を伴うことがある。そのお為ごかしが実は事件件数を稼ぐという自己保身を覆い隠す自己欺瞞なのであり、本人すら気づいていないかもしれない。実務家である多数の友人知人にインタービューしたところ、和解拒絶の責任をどちらの当事者が負うかが、その後の裁判の帰趨を決するとされる。そして、判決となれば、全か無かの判断がなされ、裁判官による事実認定もその判決の結論に対して合理的なものとなるように調整される。勝訴側が総ざらいするものなのである。原告が、深刻なハラスメント被害者である場合、大学内部の論理による閉塞感と闘いながら、最後の砦としての裁判所に頼る者の、真理のために何とか一矢報いたいという願いにも思いを馳せることが、常に期待できるとは限らないのである。裁判所による和解の押しつけ傾向と、その不透明感、不公平感が、当事者一般の民事裁判に対する失望と、裁判制度に対する社会的な信頼の欠如に通じている。(注10)

現行の判例法は、大学教員の性善説に基づくようである。実は、大学教員とは、象牙の塔と呼ばれる一般の社会とは切り離されたところで、人によっては、人格的にも幼稚な人間である。学問の自由を保障するための大学の自治が、極めて重要な原則であることは認めつつ、そこで学ぶ学生、働く教員、事務職員らが陰湿なハラスメントから守られるために、単に、大学の良識に期待するだけでは足りない。そのためには、詳細な審査基準の呈示と、審査自体の精密化が求められるように思われる。ハラスメント被害者保護のために、裁判所が積極的に介入することも必要であろう。

【注】

(1) 筆者は所属大学相手にハラスメント裁判を提起したことがある。この裁判については、「裁判のレトリックと真相」(http://www.asahi-net.or.jp/~aj9s-fw) を参照されたし。但し、本章では、必ずしも自身の裁判に関わらず、一般的に考察している。

(2) https://www.mext.go.jp/a_menu/koutou/houjin/03052701.htm

(3) 旧聞に属するが、文系学部廃止要請として各紙に報道され、一時、物議を醸した。「国立大学：三三校で文系見直し　九大学で教員養成廃止」毎日新聞電子ニュース、二〇一五年一〇月二〇日配信など。

(4) 例えば、「国立三三大学で定年退職者の補充を凍結　新潟大は人事凍結でゼミ解散」(https://headlines.yahoo.co.jp/hl?a=20161007-00000003-wordleaf-soci)、二〇一六年一〇月八日配信。

(5) 明治学院大学事件参照。寄川条路編『大学における〈学問・教育・表現の自由〉を問う』(法律文化社、二〇一八年)、寄川条路「明治学院大学「授業盗聴事件」とその後」『大学の危機と学問の自由』(法律文化社、二〇一九年) 所収。

(6) 大阪地裁平成二一年二月一三日判決。控訴審ではさすがにこの表現は改められているが、結論が維持された。大阪高裁平成二一年七月一六日判決。

(7) 個人的にお聞きしたのであるが、ハラスメント裁判に関して被害者側として著名な弁護士によると、大学の調査なんてしない方が良い、お手盛りの調査結果を証拠とされるから、むしろしてはならないとさえ言われた。

(8) 瀬木比呂志『民事裁判入門——裁判官は何を見ているのか』(講談社現代新書、二〇一九年)。

(9) 瀬木前掲参照。実質的に争われる事件の六割余りが和解で終わるとされる。

(10) 瀬木前掲・同旨。

第4章　学問・教育の自由をめぐって
――大学教員の研究・教育を阻害する雑務

榎本　文雄

学問・教育の自由を論じる場合、明治学院大学問題のような個々の大学での自由の封殺とは別に、日本の研究者全体に亘って学問・教育の自由を阻害している大きな問題がある。それは、研究・教育以外の雑務が、常勤・非常勤を問わず、大学教員の学問・教育の自由を妨げている現実である。大学関係者には周知の事実であるが、一般の人々の間では、大学教員（特に文科系）は「高等遊民」のような優雅な日々を送っているかのように認識されているかもしれないので、敢えて問題提起をしておきたい。

昨年（二〇一九年）三月、長年、勤めた大学を定年退職するにあたり、最後の教授会で私は次のように挨拶した。

二十三年前、私立の短期大学から本学文学部に転任した際、後に研究科長を務められた先生から「前の大学にいた方がもっと勉強できたのに」と言われ、知り合いの某国立大学の年配教授からも「今の国立大学の研究環境は劣悪で……」と気の毒がられ、着任早々で意気揚々としていた私は、当惑を覚えた記憶があります。しかし、今から思えば、二十三年前はまだ長閑かでした。その後は改革、改革で、まるで改革自体が自己目的化したかのようで、研究・教育以外の雑務が増えるばかり。その節々で、改革の波を蒙る寸前に定年退職される先生方に羨望の念を覚えたことが幾度もありましたが、とうとう、私たちがその羨望の対象になる時が参りました。何度も繰り返されているこの羨望感がこれからも日本の大学では繰り返されることと思います。何か別の進み方はないものでしょうか。

私と同じく昨年三月に定年退職した同僚は「大学を辞めないと研究できないというのは、皮肉な状況ですが、二度目の卒業を迎えて、これから自由に研究できることを楽しみしています」と記していた。(注1)同感である。大学の常勤教員は、研究・教育以外に、諸役職、会議、入試問題作成・採点、新入生集め、諸委員会活動、種々の書類作成、不正防止等のファカルティ・ディヴェロップメント（FD）受講など諸雑務に膨大な時間を取られる。他方、常勤ポストに未だつけない非正規教員も、生活のための諸アルバイト、常勤ポストに就くための業績作りに忙殺され、質より量を重視せざるをえなくなる。

実際、世界における日本の大学ランキング、研究力評価は下がる一方で、(注2)将来が懸念されており、新型コロナウイルスワクチン開発の出遅れもその影響かもしれない。私の専門分野でも前世紀、さらにその前の一九世紀の研究者は、現代のようにパソコンや電子データがない時代に、実に博覧強記で大部な労作を残している。雑務に時間を割かれることなく、思う存分、研究に打ち込めたことがその要因の一つと考えられる。

ただし、正規、非正規をとわず、大学教員がこのように時間的に拘束され、研究・教育で不自由を託っていても、会社員・公務員や中学高校教員のように、大学教員が過労死したというような報道は殆どなされない。とはいっても、特に役職に就いた教員などでは、激務が直接間接の原因で癌や鬱病等を患い、最悪の場合、在職中に死に至る例も身近でしばしば見聞きする。

他方、研究者を志願しても、大学の常勤教員のポストはおろか、非常勤講師の職も得られず、予備校や高校の教師にすらなれずに一生を終える人々が少なくない。また、一般のサラリーマンや芸術家などと比べると、好きなことを職業にしつつ安定した収入も得られる大学教員は、恵まれた存在と見なされる。だから、少しくらい雑用があっても不平を言うな、というお叱りを蒙るかもしれない。しかし、先に引用した「大学を辞めないと研究できない」という状況は、国立大学の教授にとって研究が第一の職務である以上、由々しき事態である。

なぜ、これほどまでに「昔はよかった」ばかりになるのか？　雑務増加の原因は何か？

政府は国債残高が増大するばかりで、莫大な財政赤字を抱えるため、国立大学の運営費交付金など国民生活に影響の少ない予算から削減する。そこで、教員は科学研究費などの競争的資金を獲得して研究費を補填する必要に迫られ、プロジェクトの企画や申請書類の作成に多大の時間を費やす。また、国や地方自治体は大学や学内組織を統合させて経費削減を図ろうとし、教職員はその対応で忙殺される。また、同じ要因で助手（助教）ポストが削減されるため、教授会メンバーの教員は、従来は助手が担っていた業務を引き受けたり、助教代理の任用・監督等に雑務が新たに発生したりする。

私立大学では、また地方の国立大学もそうだが、少子化に伴う一八歳人口の減少のため、受験生・入学生が減り、定員割れなどの危機に晒され、受験料・授業料等の減少によって財政収支が悪化し、人件費削減に追い込まれ、既存教職員の業務量が増加する。

財政的な要因の他にも、教員の不正行為が報じられると、その余波を全国の教員が受ける。カラ出張、データ捏造、論文盗用など様々な面での不正が発覚する度に、それらを防止する再発防止策が講じられ、諸手続きが煩雑化し、雑務が増える。さらに、入学試験などでミスが勃発する毎に、その余波を全国の教員が受け、ミスを未然に防ぐため、出題チェックの重層化や採点人数の増加などで雑務が増える。

政府は留学生増加の政策を取るため、教育の一環とはいえ、全国の教員は留学生対応で業務は確実に増加する。そのためにティーチング・アシスタント（TA）等の財政措置が施されても、そのTAの任用・監督のために雑務が増える。

もとより、現場で深刻な問題が発生している場合、改革は不可避である。しかし、そのようなボトムアップ的な改革とは異なり、政府をはじめとするトップダウン的な改革は、大学統合に象徴されるように人件費などの財政支出を減らすことが真の狙いである。それは、教職員にとっては業務量の増加を意味する。

結局、政府が新たな施策を始める毎に、また不祥事が勃発する度に、新たに業務が増え、だからといって、従来の業務が不要になる訳ではないから、教員の自由度は確実に低下する。

このように、現代の大学教員の雑務増加には様々な原因があるが、どの原因を取っても容易に解消することは難しい。では、どうすればいいのか？　この点に関して、冒頭で触れた最後の教授会で私は以下のように締めくくった。

ただし、こういう問題は研究科の教授会で議論してもあまり効果は期待できず、もっと上の場である全学の場、さらに日本の大学全体の問題ですから、国立大学協会や日本学術会議で、日本の大学全体、さらにはグローバルな観点から世界各国の研究教育環境にまで視野を広げて、雑務の実態、研究・教育の自由度、さらにこれらの問題への対応策の成功事例や失敗事例を調査することから解決策を探ってもらってはどうかと思います。

しかし、その後、大学入学共通テストでの英語民間試験や数学・国語の記述式設問導入の問題が浮上し、さらに、新型コロナウイルス対応、日本学術会議会員任命拒否問題と難題続発で、国立大学協会や日本学術会議も大学教員の雑務の問題などに取り組む余裕はなさそうである。因みに、政府は日本学術会議に多様性を要求するが、六名の任命拒否こそが学術会議の分野的多様性を損なう、延いては学問の自由をも。

改革、改革と、大学のみならず、現代社会全体で絶えず変化が求められる。翻れば、人類の発展、さらに地球上の生物の進化も自己改革の歴史である。改革を怠り、旧態依然としていたものは次々滅びてきた。もっとも、古代魚のシーラカンスのように、進化の波に乗らずとも、細々とではあるが、何億年も命をつないできた生物もいる。

ところで、古代インドには、改革や発展（プラヴリッティ pravṛtti など）に背を向け、内に還ること（ニヴリッティ nivṛtti など）をモットーとする思想があり、それは初期のインド仏教やジャイナ教、さらにヒンドゥー教の内にも認められる。発展の原動力は意欲や願望（カーマ kāma など）であろうが、そこでは、激しい願望は煩悩として否定され、無欲が重んじられた。彼らは、欲望を満たすことではなく、欲望を懐かないことに、つまり欲望から解放され自由になることに幸福を見出した。[注3]

この究極的な自由を実現するため、インド仏教の修行者などは一切の仕事を放棄し、飲食のために生物を殺す必要がない托鉢（注4）によって命を保った。したがって、これは大多数の寄進者に支えられて初めて可能になる、ごく限られた少数の人間のみに許されたライフスタイルであった。

ここで、中野孝次『清貧の思想』や「国民総幸福（GNH）」を提唱するブータンが連想されるかもしれないが、それらも主として仏教に由来する。しかも、前者の書物で採り上げられた先人の殆どは一般人ではなく出家者や隠棲者であるし、後者のブータンでも近代化が進んでいると聞く。

結局、一般社会で現役生活を送る限り、真の自由は得られないのかもしれない。しかし、少しでも、大学の研究者が、雑務から解放され、社会に貢献できる本来の職務たる研究と教育に専念できることを切に願うものである。かく言う私も、定年退職するまで大学在職中は、このような一文を認める余裕すらなかった。

【注】

（1）入江幸男「学生として卒業、そして教師として卒業」『同窓会ニューズ・レター』一八（大阪大学文学部・文学研究科同窓会、二〇一九年）六頁。

（2）「データで読み解く日本の研究力の現状と課題」（更新日：二〇一九年三月二二日）https://japanuniversityrankings.jp/topics/00092/（二〇一九年一二月一七日閲覧）。

（3）ただし、自由や解脱を求める願望（例えば『テーラガーター』五八六）まで煩悩として否定する訳ではない。「（意）欲」チャンダ chanda は、インド仏教教理の綱要書の『倶舎論』において、諸煩悩とは異なり、「智慧」プラジュニャー prajñā などと同じ範疇に分類されている。希望なくして人は生きていけないのである。

（4）Cf. 榎本文雄『不殺生（アヒンサー）の動機・理由――インド仏教文献を主資料として』（RINDAS伝統思想シリーズ第一四巻）、龍谷大学現代インド研究センター（RINDAS）、二〇一三年。

第5章　日本学術会議の軍事的安全保障研究に関する声明と報告について

稲　正樹

一　はじめに

筆者は、二〇一七年二月二四日に衆議院議員会館で行われた「『大学の軍事研究の問題等を考える議員連盟』設立総会」において、「大学等における軍事研究の問題と日本学術会議の本来の使命」というタイトルで講演する機会を得た。その際に、以下のような民主主義科学者協会法律部会理事会の「日本学術会議『安全保障と学術に関する検討委員会』への意見表明と要望」（二〇一七年一月九日）を紹介したことがある。以下にその内容を記す[注1]。

現在、日本学術会議に設置された「安全保障と学術に関する検討委員会」（以下、「検討委員会」と略す）において、安全保障と学術のあるべき関係について学術界が採るべき考え方に関する検討が進められている。

私たち民主主義科学者協会法律部会（以下、「民科法律部会」と略す）は、この問題について学会として検討することが「日本学術会議協力学術研究団体」に名を連ねる研究団体としての責務と考え、検討委員会での審議の参考にしていただきたく、ここに意見を表明する。

1　日本学術会議一九五〇年、一九六七年声明の堅持について

民科法律部会は、一九四六年一月に平和と民主主義を希求する科学者が結集した民主主義科学者協会の法律部会として誕生し、一九五七年に「すべての分野における法学研究者の研究上の連絡、協力を促して民主主義法学の発展をはかること」を目的に掲げる規約を定めて独立の学会として発足して、今日に至っている。

日本学術会議が一九四九年の発足に当たり表明した従来の科学者の態度への反省と科学を「平和国家の基礎」とする決意や、一九五〇年や一九六七年の「戦争（軍事）目的の科学研究を行わない」旨の声明は、本会にとっても活動上の重要な指針であり、それらは、「科学者の行動規範」とともに今日の学術・研究の担い手が則るべき基準としての意義を有していると考える。日本学術会議には、こうした発足時からの数次にわたる声明で示した立場を今後とも堅持して、人類の福祉と平和に貢献する学術の探求を率先されるよう切に求めるとともに、本会も、協力学術研究団体として、その探求に総力をあげて努めることを、ここにあらためて表明するものである。

2　日本国憲法の平和主義と軍事研究禁止の立場について

「すべての分野の法学研究者」が集う本会は、科学を「平和国家の基礎」とする日本学術会議の決意が、侵略戦争の反省の上に立って平和主義を定めた日本国憲法の理念に即したものであることを重視する。そし

て、今回の検討委員会が設置された背景として、日本国憲法の平和主義が、この間の安全保障法制の大幅な変動など国内外の政治によって大きく脅かされている状況があると認識し、その点への注意を強く喚起したい。

前文で平和主義の理念を謳い、第九条で戦争の放棄と一切の戦力の不保持を規定することで自衛のための戦争や武力行使も否定した日本国憲法の平和主義は、一九五〇年代前半に、講和条約と日米安保条約の締結、警察予備隊から保安隊を経て自衛隊の創設などを通じて歪曲をこうむるが、それでも国民の平和憲法への強い支持を背景にして、憲法九条の明文改憲は、いまなお阻止され続けている。こうして自衛のための武力行使の是非については意見が分かれても、憲法九条の改正には反対するという幅広い国民合意の下で、「専守防衛」（集団的自衛権の行使は違憲）、非核三原則、武器輸出禁止三原則などの政府方針が打ち出され、定着を見るに至った。日本学術会議の一連の声明は、科学を軍事にではなく平和に役立てることを目指すことで、日本国憲法の平和主義に即した、それにふさわしい学術のあり方を方向づけるものであった。

二〇一四年七月の閣議決定と、それに基づいて二〇一五年に成立した安保法制による集団的自衛権の行使容認は、自衛隊による海外での武力行使に道を開き、二〇一四年四月の武器輸出禁止三原則から防衛装備移転三原則への変更は、防衛装備すなわち武器を海外に積極的に輸出する方向を打ち出すに至った。これらは、これまで維持され培われてきた憲法の平和主義の理念を大きく脅かすものと言わざるを得ない。このたびの「安全保障技術研究推進制度」は、こうした動きの中で導入されたものとして位置づけることが重要である。

この制度について、自衛のための武力行使や自衛隊の合憲性を前提にして、自衛目的に限定して大学などの研究者が将来の防衛装備品開発に役立つ基礎研究は必要だとする議論がみられる。しかし、武器や装備を自衛目的と攻撃・侵略目的とに区別することは甚だ困難である。これまで法律学とりわけ憲法学が、憲法九条二項の「戦力」について自衛目的と攻撃・侵略目的とに区別することは困難であるとして、「自衛戦力合憲」論を峻拒してきたことや、政府もまたこの論を退けてきたことを踏まえるならば、そうした立論は採りがたい。くわえて、安保法制の成立によって「自衛」の観念そのものが変容し、従来の「専守防衛」の枠を大きく踏み越えるものとなったことに鑑みれば、「自衛」目的だからよいという議論は、乱暴の誹りを免れない。また、そのような状況の下、防衛装備移転三原則による武器輸出の推進が「専守防衛」の理念と大きくかけ離れようとする中で導入されたこの研究推進制度が、二〇一六年度の六億円から二〇一七年度の一一〇億円へと約一八倍の予算規模で概算要求され、要求どおりの金額が政府予算案に盛り込まれたことについては、強い警戒の念を抱かざるを得ない。

3　安全保障技術研究推進制度の問題点について

安全保障技術研究推進制度は、基礎研究を対象とするとしているが、そこで言う基礎研究は「真理探究」のためのものではなく、あくまでも軍備品のための基礎研究であり、多くの研究者が重要と指摘している日本の基礎研究の充実とは全く異なり、むしろそれに逆行してしまう。また、募集される研究のテーマが、理系・自然科学の特殊な分野を対象とするものであり、したがって、研究全体の水準の向上には貢献しないばかりか、科研費から漏れた研究者が手を挙げて軍事研究にでも平気で手を出すようになりかねず、科学者の倫理観を失わせてしまう。さらに、この制度では、外国人研究者を排除することになりかねず、研究の普遍性が損なわれると同時に、人文社会科学分野で粛々と行われている平和研究を軽視して、政治的にも国際関係を一層悪化させかねない。

そして、この制度については、研究の自由と研究成果の公開原則との関係で重大な疑念を持たざるを得ない。この制度において防衛省職員であるＰＤ（プログラムディレクター）ＰＯ（プログラムオフィサー）による研究進捗管理は、自由で自律的であるべき研究環境を保証しない。また、この制度による研究成果について「原則公開」が謳われてはいるものの、公開には防衛省側の事前の確認（承諾）を得ることとされ、公開原則が貫かれるのか不確かである。さらに、研究成果が特定秘密保護法にいう「特定秘密」に指定されないか、その保証はどのようにして確保されるのか明確でない。

二〇一七年度の概算要求が通れば一一〇億円になるこの制度の研究資金は、科学研究予算全体の約二〇分の一に当たり、その額と割合は決して小さくない。これを契機に、我が国の科学技術政策の立案、運営において防衛省や軍事産業の発言権が拡大することも危惧される。こうした動きに、多くの大学関係者は戸惑いを感じており、日本の学術研究体制に大きな混乱を引き起こすことが懸念される。

本会は、日本学術会議に対し、このような日本の平和主義と学術研究の平和理念を掘り崩す危険な動きに対して、制度の廃止を求めるなど毅然とした態度で臨むことを強く要請する。

「安全保障技術研究推進制度」とは、「防衛分野における研究開発に資することを期待し、独創的な基礎技術の発掘・育成」を目的とし、「研究の成果は、その内容を十分に理解した上で、将来のニーズを踏まえつつ、防衛装備庁における研究事業に応用」するものである。(注2)

安倍内閣が創設した軍事研究のための競争的資金制度であり、その狙いは、防衛装備（兵器・武器）の開発・

高度化のために、大学・研究機関が持つ先端科学技術を発掘し活用することにある。この制度について、防衛装備庁は、①基礎研究に対する助成である、②研究成果の公開を原則とする、③デュアル・ユース技術の研究で民生技術への波及効果がある、の三点をあげ、軍事研究に対する科学者や市民の警戒心を和らげようと躍起になっている。しかしこれは欺瞞的な主張と言わざるをえない。次のように指摘されている通りである。

①防衛装備庁の「基礎研究」は、防衛装備（兵器・武器）の開発・高度化を目指す一連の研究・開発の第一歩であり、「学術的な知識や、製品や利益に直接結びつかない技術と理論の発見に関する研究」と定義される本来の基礎研究とは全く異なる。

②公募要領には「研究成果は公開が原則」と記されているが、原則と書くのはそうでない場合があるからである。また成果の公開に際しては防衛装備庁の確認が不可欠である。さらに研究の進展状況は防衛装備庁の担当職員により管理され、研究の進め方も干渉を受ける。本制度では、研究成果の公開や学問の自由といった、学術にとっての死活条件は保証されていない。

③「デュアル・ユース」という言葉は、民生技術を軍事研究に用いるための甘い言葉である。研究成果は軍事に独占され、軍事に支障がない範囲で民生目的に使用してもかまわないとなる。（注3）

日本学術会議では、二〇一五年度からこの制度が具体的に動き出したことを受けて、二〇一六年五月に「安全保障と学術に関する検討委員会」を設置し、そこでの議論を集約する形で、二〇一七年三月二四日に幹事会によって「軍事的安全保障研究に関する声明」が出され、四月一三日にはその付属文書である「報告　軍事的安全保障研究について」が出された。

そこで本章では「声明」と「報告」の内容を紹介し、若干の検討を加えることにする。「声明」と「報告」は一体であり、二〇一七年一月から三月の審議のまとめを「報告」とし、その中のエッセンスを取り出したうえで、旧声明に対する態度を冒頭に付け加えたものが「声明」になっている。したがって本章での紹介・検討は、「報告」を中心に行う。

二　報告　軍事的安全保障研究について

「報告」(注4)では、要旨「一　作成の背景」として、「安全保障と学術に関する検討委員会は、安全保障にかかわる事項と学術との関係について、今日の時点で日本学術会議が採るべき考え方を検討することを目的として、二〇一六年五月二〇日日本学術会議第二二九回幹事会決定にもとづき設置された。本報告は本委員会における検討、及び二〇一七年二月四日開催の学術フォーラムの議論の成果をふまえてとりまとめたものである」としている。

「二　現状及び問題点」では、「近年、再び軍事と学術とが各方面で接近を見せている」ことの背景として、①軍事的に利用される技術・知識と民生的に利用される技術・知識との間に明確な線引きを行うことが困難になりつつあるという認識があること、②学術が軍事との関係を深めることで、学術の本質が損なわれかねないとの危惧も広く共有されていること、③防衛装備庁が大学等の研究者をも対象とした安全保障技術研究推進制度を二〇一五年度に発足させ、これへの対応のあり方も検討を要するものとなっていたこと、の三点を挙げている。

報告の内容としては、以下の六項目を指摘している。

1　科学者コミュニティの独立性

日本学術会議が一九四九年に創設され、一九五〇年と一九六七年の二度にわたり声明を出したことの背景には、科学者コミュニティの戦争協力への反省と、再び同様の事態が生じることへの懸念があった。科学者コミュニティが追求すべきは、学術の健全な発展であり、これを通して社会からの負託に応えることである。そして、学術の健全な発展への影響について慎重な検討を要するのは、軍事的な手段による国家の安全保障の分野であり、この分野の研究（＝軍事的安全保障研究）の拡大・浸透が学術の健全な発展に及ぼす影響について、検討を進めた。

ここでは、科学者コミュニティが総体として追求すべきは学術の健全な発展であって、それを通して社会からの健全な付託に応えることが、指摘されている。その意味は、その時々の社会的な要請とされるものに直接に応答するのではなく、自律的な発展の結果として社会に貢献することが、学術のあるべき姿であるという認識を示しているのである。（注5）

2　学問の自由と軍事的安全保障研究

歴史的な経験をふまえつつ、学術研究の自主性・自律性、そして特に研究成果の公開性が担保される必要がある。人権・平和・福祉・環境などの普遍的な価値に照らして研究の適切性を判断することは科学者コミュニティの責務であり、個々の研究者の学問の自由を侵すものではない。学術研究は、個々の研究者の自発的な研究意欲と、科学者コミュニティ内部の相互評価を基盤として行われるべきである。軍事的安全保障研究の分野では、研究の方向性や秘密性の保持をめぐって、政府による研究者の活動への介入が大きくなる懸念がある。防衛装備庁の「安全保障技術研究推進制度」は、将来の装備開発につなげるという明確な目的に沿って公募・審査が行われ、外部の専門家でなく同庁内部の職員が研究中の進捗管理を行うなど、政府による研究への介入の度合が大きい。

ここでは、学問の自由と軍事的安全保障研究の関係が論じられている。学術研究が歴史的には政治権力による制約や動員の歴史を経験したことを踏まえれば、学術研究にとって何よりも大切なのは、自主性・自律性・公開性である。その場合、研究者個人の学術研究に対して、科学者コミュニティが規範を定めて自己規律を行うことは個々の研究者の学問の自由を侵すものではない。研究者個人の主体的な営為である学術研究は、人権・平和・福祉・環境といった普遍的な価値に則ったものであるか否かという、科学者コミュニティ内部の相互評価に晒される必要があるという当然のことが指摘されている。研究の適切性を研究機関等が判断することを「学問の自由の侵害」と考えるべきでないという論点である。

ところが、軍事的安全保障研究の分野では、一般的に政府による研究者の活動への介入が大きくなる懸念がある。さらに、防衛装備庁の「安全保障技術研究推進制度」は、将来の（軍事的な）装備開発につなげるという目的に沿って公募・審査が行われ、防衛装備庁内部の職員によって研究の進捗管理がなされるなど、政府による研究への介入の度合いが大きいと断言され、学問の自由が脅かされる危険性が指摘されている。(注6)

学問の本質である普遍性・公開性と軍事の本質である友敵性・秘密性とは根源的な緊張関係にあることから(注7)すると、軍事研究にあたっては学問の自由の完全な保証はありえないことになる。

池内了は次のように指摘している。(注8)「この制度では『公開の完全な自由』は保証されておらず、『公開』を縛る制限付きであること、防衛装備庁への定期的な報告義務があるとともに『継続的な協力』で一生束縛される義務が生じること、さらに防衛省職員であるPD（プログラムディレクター）の指示の下でPO（プログラムオフィサー）による研究進捗管理が行われことから、自由で自律的な研究環境が保証されていない。これらは防衛省の制度の目的が軍事技術の開発であることから、当然予想される限定条件と言える。これらにはいずれも、自由で自律的な学問研究の精神と相いれない制限が課せられていることは明らかである。」

3　民生的研究と軍事的安全保障研究

民生的研究と軍事的安全保障研究との区別は容易でない。軍事的安全保障研究には、（ア）軍事利用を直接に研究目的とする研究、（イ）研究資金の出所が軍事関連機関である研究、（ウ）研究成果が軍事的に利用される可能性がある研究があるが、基礎研究であれば一律に軍事的安全保障研究にあたらないわけではなく、軍事利用につなげることを目的とする基礎研究は軍事的安全保障研究の一環であると考えられる。軍事的安全保障にかかわる技術研究においては、自衛目的の技術と攻撃目的の技術との区別は困難な場合が多い。科学者が、自らの研究成果がいかなる目的に使用されるかを全面的に管理することは難しい。研究の「出口」を管理しきれないからこそ、まずは「入口」において慎重な判断を行うことが求められる。そもそも、今回の報告や声明においては、なぜ「軍事研究」ではなく「軍事的安全保障研究」という用語が用いられているのか。

報告では「一　科学者コミュニティの独立性」において、こう指摘している。「安全保障概念は大きく国家の安全保障と人間の安全保障に区分され、さらに前者が政治・外交的な手段による安全保障と軍事的な手段による安全保障とに区分される。一般に、学術の健全な発展への影響について慎重な検討を要するのは、このうち、軍事的な手段による国家の安全保障の分野である。この分野にかかわる研究を、ここでは軍事的安全保障研究と呼ぶ。日本における防衛装備技術の研究もここに含まれる。」

「軍事的安全保障研究」という用語はこれまで、軍事研究という言葉でとらえてきたものと同質であるが、「軍事」という言葉を使うことには否定的な含意があるから使うべきでないという意見と、検討対象である防衛装備庁の当該制度が「安全保障」という語を用いているのでそれを使うべきだという意見が検討委員会の中にあり、それに結局従ったようである。[注9]

「報告」の三では、「軍事的安全保障研究」には、（ア）軍事利用を直接に研究目的とする研究、（イ）研究資金の出所が軍事関連機関である研究、（ウ）研究成果が軍事的に利用される可能性がある研究があるとしている。（ア）が目的、（イ）が資金、（ウ）が利用ということになるが、報告自体が「範囲が広く、どこまで含まれるか判断が特に難しいのは（ウ）のカテゴリーであり、慎重な対応が求められる、と述べている。

基礎研究と応用研究の関係については、単純な研究か応用研究かという単線モデルではなく、基礎研究でありながら軍事利用につながる基礎研究がありうるし、今回の「安全保障技術研究推進制度」はそのような意味での軍事研究である。

報告ではその後に、「デュアル・ユース」について次のように整理している。「いわゆるデュアル・ユースとは、民生的研究と軍事的安全保障研究とを区別した上で、両者の間の転用に注目する考え方である。軍事的安全保障研究から民生的研究への転用（スピンオフ）の効果が喧伝されてきたが、アメリカ等では軍事的安全保障研究予算の比率が高まる中で、民生的分野でも可能な研究が軍事的安全保障研究予算により行われた面があるとも指摘されている。民生的研究から軍事的安全保障研究への転用（スピンオン）が近年期待されるようになっているが、学術研究にとって重要なのは、民生的分野の研究を、大学等・公的機関・企業等が連携して、基礎から応用までバランスのとれた形で推進することである。」

軍事的安全保障研究から民生的研究へスピンオフされた例があることから、単純に軍事的安全保障研究を発展させるべきだということにはならない。スピンオフの事例の多くは潤沢な軍事資金が背景にあってこそ可能になったものであり、最初からそれだけの資金提供が保証されておれば純粋の民生利用においても開発されたケースもある。むしろ、いくら民生利用の可能性が指摘されても軍事からの制限によって民生開発ができなかった（あるいは開発競争に後れをとった）事例があったことを忘れてはならない。またスピンオン＝民から軍への転換は、軍事転用する（＝民生技術の利用を軍事が横取りする）ことによって、既に大学等で着手されている民生利用の可能性を狭める結果になると指摘されているところである。(注10)

4　研究の公開性

学術の健全な発展にとっては、科学者の研究成果が広く公開され、科学者コミュニティによって共有され、相互に参照されることが重要である。軍事的安全保障研究については秘密性の保持が高度に要求されがちであり、自由な研究環境の維持について懸念がある。軍事的安全保障研究を含む先端的な研究領域では、安全保障貿易管理制度など、研究成果の公開に関する制約を単純化・明確化する制度の整備が必要である。軍事的安全保障研究を導入することで、大学等における海外の研究者や留学生等との国際的な共同研究に支障が出ないか、自由で開かれた研究環境や教育環境が維持できるか、学生や若手研究者の進路が限定されないか等の懸念もある。

ここでは、研究の公開性の観点について、軍事的安全保障研究には、「国際的な共同研究に支障が出ないか」「自由で開かれた研究環境や教育環境が維持できるか」「学生や若手研究者の進路が限定されないか等」の懸念があることが指摘されている。抑えた表現にとどまっており、防衛省資金が学術研究に及ぼす悪影響について、もう少し踏み込んだ具体的な問題提起が必要ではなかったか。

5　科学者コミュニティの自己規律

いかなる研究が適切であるかについては、学術的な議論の蓄積にもとづいて、科学者コミュニティにおいて一定の共通認識が形成される必要がある。科学者コミュニティは、学術研究のあるべき姿について社会と共に真摯な検討を続け、議論を進めて行く必要がある。そうした議論の場を提供する上で、科学者を代表する機関としての日本学術会議の役割は大きい。科学者の研究成果は、時に科学者の意図を離れて軍事目的に転用され、場合によっては攻撃的な目的のためにも使用されうる。大学等の各研究機関は、施設・情報・知的財産等の管理責任を有し、自由な研究環境や教育環境を維持する責任を負うことから、軍事的安全保障研究と見なされる可能性のある研究については、その適切性について、目的・方法・応用の妥当性の観点から、技術的・倫理的に審査する制度を設けることが望まれる。それぞれの分野の学協会等において、それぞれの学術分野の性格に応じて、ガイドライン等を設定することも求められる。

この項目が、今回の「報告」の一番の特色となっている。「声明」では、以下のように記述されている。

研究成果は、時に科学者の意図を離れて軍事目的に転用され、攻撃的な目的のためにも使用されうるため、まずは研究の入り口で研究資金の出所等に関する慎重な判断が求められる。大学等の各研究機関は、施設・情報・知的財産等の管理責任を有し、国内外に開かれた自由な研究・教育環境を維持する責任を負うことから、軍事的安全保障研究と見なされる可能性のある研究について、その適切性を目的、方法、応用の妥当性の観点から技術的・倫理的に審査する制度を設けるべきである。学協会等において、それぞれの学術分野の性格に応じて、ガイドライン等を設定することも求められる。

この論点に関して、筆者は当初、軍事研究に加担すべきでないと学術会議が明確に姿勢を表明すべきであり、各大学に丸投げするのは好ましくないと考えていたが、「学術の健全な発展」の前提である「研究の自主性・自律性・公開性」に照らして、研究資金の出所等に慎重な判断を行い、目的・方法・応用との観点から研究の適切性を、大学等の研究機関が研究の入り口で判断するという最終的な取り纏めは、大学の自治の観点からして一番適切なものであると考えるようになった。どのような審査制度にするのかは、各大学等の具体的な決定に委ねられている。学協会等においても、当該学術分野の性格に応じた、ガイドライン等の設定が要請されている。

「報告」「声明」では、各大学等における入り口審査の具体的な制度構築に委ねられることになったために、各大学等における審査制度のあり方と機能の検討が必要となってくる。それぞれの大学が有する理念、建学の精神、社会における大学の役割に関する大学構成員の共通理解などに基づいた軍事研究に対するスタンスの確立が問われることになる。

東京工業大学では、「国内外の軍事や防衛を所掌する公的機関からの資金提供に基づく研究は実施しない」という「軍事的安全保障研究に関する基本方針」を二〇一九年二月八日に決定した。[注11]また龍谷大学では、二〇一九年六月二〇日に「あらゆる軍事研究に関与しない」旨の学長声明が出された。[注12]他方で、「戦争を目的とした研究は行わない」と言いつつ、防衛装備庁の推進制度は軍事研究ではなく民生研究のための競争的資金制度だとして堂々と応募する大学は大阪市大のみならずいくつも存在している（岡山大学、大分大学、東京農工大学、豊橋科学技術大学）。[注13]なお筑波大学は、「軍事研究を行わない」という基本方針を二〇一八年一二月一三日に定めながら、「安全保障技術研究推進制度」のSタイプ（大規模研究課題、五年間で二〇億円以内の供与）に応募し、採択された。[注14]

なお、「声明」「説明」を受けた学会の取り組みとしては、日本天文学会の「天文学安全保障との関わりについて」の二〇一九年三月一五日の声明がある。[注15]「日本天文学会は、宇宙・天文に関する真理の探究を目的として設立されたものであり、人類の安全や平和を脅かすことにつながる研究や活動は行わない。日本天文学会は、科学に携わる者としての社会的責任を自覚し、天文学の研究・教育・普及、さらには国際共同研究・交流などを通じて、人類の安全や平和に貢献する」としている。

6　研究資金のあり方

この間の国立大学の運営費交付金、とりわけ基幹運営費交付金の削減等により、基礎研究分野を中心に研究資金不足が顕著となっている。そうした中、軍事的安全保障研究予算により、研究資金が増加することへの期待が一部にある。しかし、一般に軍事関係予算は経済合理性等による制約を受けにくいので、軍事的安全保障研究予算が拡大することで、他の学術研究を財政的にいっそう圧迫し、ひいては基礎研究等の健全な発展を妨げるおそれがある。学術の健全な発展のためには、科学者の研究の自主性・自律性、研究成果の公開性が尊重される民生的な研究資金を充実させて行くことが必要である。

この項目も大事な視点である。池内了の言う「研究者版経済的徴兵制」によって研究者は研究費がないために軍事研究に手を出さざるを得ない事態に追い込まれている。大学における基礎的な研究経費を削っている財務省や文科省の選択と集中路線の根本的な転換が必要である。

三　先行声明継承の意味

「声明」(注16)の第一段落は、以下のように記載されている。

日本学術会議が一九四九年に創設され、一九五〇年に「戦争を目的とする科学の研究は絶対にこれを行わない」旨の声明を、また一九六七年には同じ文言を含む「軍事目的のための科学研究を行わない声明」を発した背景には、科学者コミュニティの戦争協力への反省と、再び同様の事態が生じることへの懸念があった。近年、再び学術と軍事が接近しつつある中、われわれは、大学等の研究機関における軍事的安全保障研究、すなわち、軍事的な手段による国家の安全保障にかかわる研究が、学問の自由及び学術の健全な発展と緊張関係にあることをここに確認し、上記二つの声明を継承する。

一九五〇年四月の学術会議第六回総会での「戦争を目的とする科学の研究は絶対従わない決意の表明（声明）」はこう述べていた。(注17)「日本学術会議は、一九四九年一月、その創立にあたって、これまでの科学者がとりきたった態度について強く反省するとともに科学文化国家、世界平和の礎たらしめようとする固い決意を内外に表明した。／われわれは、文化国家の建設者として、はたまた世界平和の使として、再び戦争の惨禍が到来せざるよう切望するとともに、さきの声明を実現し、科学者としての節操を守るためにも、戦争を目的とする科学の研究には、今後絶対に従わないというわれわれの固い決意を表明する。」

また、一九六七年一〇月の第四九回総会での上記声明は、こう指摘していた。[注18]「われわれ科学者は、真理の探究をもって自らの使命とし、その成果が人類の福祉増進のため役立つことを強く願望している。しかし、現在は、科学者自身の意図の如何に拘わらず科学の成果が戦争に役立たされる危険性を常に内臓している。その故に科学者は自らの研究を遂行するに当たって、絶えずこのことについて戒心することが要請される。／今やわれわれを取り巻く情勢は極めてきびしい。科学以外の力によって、科学の正しい発展が阻害される危険性が常にわれわれの周辺に存在する。近時、米軍陸軍極東研究開発局よりの半導体国際会議やその他の個別研究者に対する研究費の援助等の諸問題を契機として、われわれはこの点に深く思いを致し、決意を新たにしなければならない情勢に直面している。／既に日本学術会議は、上記国際会議後援の責任を痛感して、会長声明を行った。／ここにわれわれは、改めて、日本学術会議以来の精神を振り返って、真理の探求のために行われる科学研究の成果が又平和のために奉仕すべきことを常に念頭におき、戦争を目的とする科学の研究は絶対にこれを行わないという決意を表明する。

杉田敦によれば、これらの声明には大きな意義があったが、それでも「再び学術と軍事が接近する」事態となったのは、それらが一種の宣言にとどまり、声明の精神を実現して行く具体的な手立てを必ずしも示していなかったからではないか。半世紀ぶりの今回の声明は、そうした反省の上に立って、学問の自由を制度的に保障する大学等の研究機関の役割や、学術共同体としての学協会、そして日本学術会議の役割を明確にし、過去の声明をいわば肉付けした。この意味で、本声明は過去の声明を発展的に継承しているのである。[注19]しかしながら、産官軍学共同体による軍事研究の怒涛のような進展のなかで、過去の声明を発展的に継承していくことは容易なことではない。科学の軍事化に対する抵抗は正念場を迎えている。軍事的なものが大学に侵入することの問題性について、学内外相呼応して国民的理解を得ていくことの必要性を痛感している。

〔付記〕

なお、二〇二〇年一〇月一日に菅首相は日本学術会議が第二五期・第二六期の会員として推薦した候補者一〇五名のうち六名の任命を理由を明らかにしないまま拒否した。この拒否は日本学術会議法七条に違反し憲法二三条に違反する暴挙である。科学的助言のための科学者組織を政府の都合によって左右することは、国際的に普遍的な科学と政治の関係モデルを逸脱していると評されているところである。[注20]

【注】

（1）http://minka-japan.sakura.ne.jp/main/wp-content/uploads/2017/01/38dbfaa65791b9e729a9649bfb76defa.pdf
（2）防衛装備庁「安全保障技術研究推進制度について」（平成二九年二月二四日）
（3）「防衛装備庁に『安全保障技術研究推進制度』の廃止を要請し、各大学・研究機関に応募しないよう求める緊急署名」のアピール文。http://no-military-research.jp/shomei/
（4）http://www.scj.go.jp/ja/info/kohyo/pdf/kohyo-23-h170413.pdf
（5）杉田敦「軍事的安全保障研究をめぐる声明・報告の意義」『学術の動向』二〇一九年六月、五九頁。
（6）池内了『科学者と軍事研究』岩波新書、二〇一七年、九八頁。
（7）小森田秋夫「軍事研究に関する日本学術会議の二〇一七年声明――その意義と残された課題―後半―」『軍

学共同反対連絡会ニュースレター』第二四号（二〇一八年七月一五日）。http://no-military-research.jp/wp1/wp-content/uploads/2018/07/NewsLetter_No24.pdf

（８）池内了「防衛省資金の問題点について」注６書に所収、七九頁。

（９）小森田秋夫「軍事研究に関する日本学術会議の二〇一七年声明――その意義と残された課題―前半―」『軍学共同反対連絡会ニュースレター』第二三号（二〇一八年六月三〇日）。http://no-military-research.jp/wp1/wp-content/uploads/2018/07/NewsLetter_No23.pdf

（10）池内了「防衛省資金の問題点について」注６書に所収、八三―八五頁。

（11）https://www.titech.ac.jp/about/policies/pdf/gunjii_54d7wbr.pdf

（12）https://www.ryukoku.ac.jp/nc/news/entry-3667.html

（13）池内了「『安全保障技術研究推進制度』の二〇一九年度の採択結果について」『軍学共同反対連絡会ニュースレター』第三六号（二〇一九年九月七日）。http://no-military-research.jp/wp1/wp-content/uploads/2019/09/NewsLetter_No36.pdf

（14）『軍学共同反対連絡会ニュースレター』第三九号（二〇一九年一二月三一日）。http://no-military-research.jp/wp1/wp-content/uploads/2020/01/NewsLetter_No39.pdf

（15）http://www.asj.or.jp/news/190315.pdf

（16）http://www.scj.go.jp/ja/info/kohyo/pdf/kohyo-23-s243.pdf

（17）http://www.scj.go.jp/ja/info/kohyo/01/01-49-s.pdf

（18）http://www.scj.go.jp/ja/info/kohyo/04/07-29-s.pdf

（19）杉田敦、注５論文、五九頁。

（20）広渡清吾「『任命拒否』が意味するものは何か」『法と民主主義』第五五四号（二〇二〇年一二月）四頁。

第6章　学問の自由と民主主義のための現象学

渡辺　恒夫

一　はじめに——香港の情勢に思うこと

これから学問の自由について思うところを述べるが、筆者は一介の心理学研究者に過ぎない。だから学問の自由とは何か、大学の自治とは何かといった、大上段に構えたような議論はできない。その代わり、個人として、長い研究生活の中で学問の自由が脅かされたと実感したいくつかの体験を、回顧するところから始めたく思う。けれどもその前に、筆者が現在、何を体験しつつあるかを、ぜひ記しておきたい。

これを書き始めた二〇一九年十二月中旬。半年前から始まった香港の民主化運動のデモは、若者を中心にキャンパスにバリケートを築くなどして当局と激しい衝突を繰り返しながら、いっかな収束のけはいを見せない。つい一週前にはアメリカ議会が、「人権と民主主義法案」を可決して、明確に民主化運動の支持と、香港政府とその背後の中国共産党政府批判の立場を打ち出した。民主化運動の若者たちが勇気づけられたことは確かだし、少なからぬ日本人も、「さすがアメリカ。トランプ政権にも関わらずアメリカ民主主義の灯は消えていない」と思ったことも、確かだろう。

このような国際情勢を見聞きするにつけ、筆者のように一九六〇年代後半から七〇年前後という、大学紛争の時期に学生時代を送った者は、ある感慨を禁じえないのである。

それは、この半世紀で、「左―右」の構図が見事なまでに逆転した、という感慨である。大学紛争の時期にも、学生たちは激しい街頭デモをくりひろげ、キャンパスにバリケートを築いて警官隊と衝突を繰り返していた。まさに現在の香港の情勢と相似形である。違うのは、半世紀前には、学生たちの多くが毛沢東率いる中国共産党を民衆の味方と信じ、アメリカを、「日本独占資本」の背後の巨悪、「アメリカ帝国主義」と呼んで、打倒の最終目標としていたことである。

いったいこの半世紀のあいだに何がおこったのか。人権と民主主義の「守護者」と「敵」とが、こうも見事なまでにひっくりかえるとは。まさか、その間に中国共産党が百八十度「変質」し、対するにアメリカが百八十度「悔い改めた」わけでもあるまい。

そう。問題は、半世紀前の、いや日本の戦後を通じての学生運動のバックボーンになっていたマルクス主義と民主主義の関係を、多くの「知識人」が見誤っていた、という点にある。そして今でこそ思うのだが、左翼的学生運動が目標としていた「革命」が実現していたとしたら、学問の自由など吹き飛んでいた可能性が強いのだ。本章の前半で、この可能性を暗示するような個人的な体験の実例を示そう。そして後半では、マルクス主義の世界観としての問題性が、存在被拘束性といった概念に代表される社会科学的還元主義にあることを示し、フランスの現象学哲学者ポール・リクールを援用しつつ現象学によって乗り越える道を示そう。

だから小論のはるかに目標とするところは、民主主義の根本原理としての現象学の意義を明らかにするところにある。言うまでもなく、民主主義なくしては学問の自由もないのだから。

二　「人民の役に立たない学問は守る必要がない」という恫喝

左翼的学生運動が最も高揚した一九六〇年代後半にタイムスリップしよう。当時の学生運動は多くの党派に分かれていたが、大きく日本共産党の流れを汲む民青（民主主義青年同盟）と、中核や革マルなどの反日共系とに分かれ、私のような非政治的な「一般学生」をターゲットとして、いわゆるオルグ活動（自派へ組織化する工作）を競って展開していた。その一派から、民青系だったが、最初の触手が伸びた。自派の組織する「反安保」の集会への誘いだった。私は、「君たちのめざす革命なるものには反対だから」といって断った。そして、将来、分析哲学を専門にするつもりだったので、分析哲学者のカール・ポパーを援用し、社会主義革命の必然性を説くマルクス主義の歴史理論がいかに疑似科学であるかを説明したあげく、「君たちの目指す社会主義革命が実現したら学問の自由は守れなくなる」と付け加えた。

するとその、活動家学生は、聞いたこともない哲学者の名を持ち出されてやり込められた鬱憤からか、「人民の役に立たない学問は守る必要がない」と精いっぱい凄んで見せたのだった。私は、民青、つまり「民主主義」青年同盟という名の、衣の下の鎧をかいまみた気がして、首筋がヒヤリとした。

また、こんなこともあった。その数年後、当初の予定を変更して大学院は心理学に進んだのだったが、理由の一つは自分の哲学的なテーマを心理学的に探究して見たかったからだった。この探究の成果は、四〇年後に実を結んで学位論文『自我体験と独我論的体験』（北大路書房、二〇〇九年）になったのだが、それはともかく、心理学でも哲学に詳しいことになっているある友人に、「独我論的体験」の話をしたことがあった。「他人という他人は意識なきゾンビではないかと子どもの頃から思ってたんだ。なぜって、意識があるとは私であるということだろう。私ではない他人にどうして意識があると言えるんだい」といった具合に。するとその友人は、目の奥を黒光りさせて、こんなことを言った。「現代の資本主義のような人間疎外の社会では、疎外された人間はお互いを物化しあう。それで他人がゾンビに見えてくるのさ」私は絶句した。そしてまたしても首筋にヒヤリとするものを感じ、それ以上話をする気がなくなった。

その友人は外部から大学院に来ていて、前の大学では全共闘派の活動家だったと聞いていたが、メルロー・ポンティの話などもよくする「話の分かるヤツ」だったので、まさかその当時流行の疎外論であっさり片付けられるとは思わなかったのだった。

三　真理を独占する権力の恐怖

二つのエピソードを通じて、私が首筋に冷たいものを感じたのは、マルクス主義という当時は「解放の思想」と信じられていたイデオロギーの、「真理を独占する権力」としての素顔にふれたところから来ていた。当時、スターリン主義に対抗する「西欧型マルクス主義」のイデオローグとして尊敬されていた哲学者にハンガリーのルカーチがいるが、その中心思想に「虚偽意識」の説というものがある。日本を始め先進資本主義諸国で、マルクス主義の「労働者絶対窮乏化理論」が現実と背離していると誰の目にも明らかになりつつある時代に、この説は左翼的大学人や学生に大いに迎えられた。なにしろ、消費社会の進展のなかでどんなに「大衆」が自分を幸福だと感じて（その結果、選挙で自由民主党に投票し続けたとしても）、その幸福という意識は「虚偽だ」と断罪できるのだから。人の意識を虚偽だと断言するためには、どこかに「真実の意識」にめざめた人がいなければならないが、その真実の意識に照らせば、人間疎外が進行して心が絶対的に窮乏化している、と断言できるのだから（つい最近もそのようなことを熱心に説く教育学部の社会学者に会ったことがある）。

他人の幸福にケチをつけてお前は本当は不幸なのだと決めつけるようなもので、ずいぶん失礼な話ではないか。これでは、南洋の島に押しかけて、あなたたちは神を知らないから不幸だと決めつけて改宗を迫った、昔のキリスト教の宣教師と変わらない。ソヴィエト型マルクス主義にも増して西欧型マルクス主義の疎外論こそ、マルクス主義が科学を装った最後の世界宗教であることを如実に示しているのだ。まさに真理を独占する権力の素顔である。

四　マルクス＋フロイトの恐怖

現在ではかつての筋金入りマルクス主義者も、どんどん「リベラル化」しているではないか、と言われるかもしれない。たとえば、一九七〇年代から（たぶん現在にいたるまで）、人文社会系の学問に影響力のあったフランクフルト学派というのがある。私ども心理学系では「フロイト左派」の呼称がなじみ深いが、精神分析家のエーリッヒ・フロム、全共闘派に人気だったマルクーゼ、社会哲学者のアドルノー、そして今も活躍中のハーバーマス、といったところが主なメンバーだ。

フランクフルト学派とは、単純化していえば、マルクス＋フロイトである。虚偽意識といった説が出てくる元は、マルクスの存在被拘束性という概念にある。ひらたくいえば、存在が意識を決定するという人間観で、マルクス主義では資本主義社会に生きる私たちの「意識」を決定する「存在」が、資本主義的生産様式ということになる。けれども、それでは存在と意識の間の関係として大雑把な事しか言えないので、フロイトの精神分析を持ち込んで、より細かく説明していくということになる。たとえば、資本主義的生産様式が男女の分業を生み、エディプスコンプレックスを生み、父の権威を内面化した家父長制的パーソナリティを生み、それが女性や社会的弱者への抑圧的態度を生み……と続くわけだ。〈存在 ⇩ 意識〉という二層構造から、〈存在 ⇩ 無意識 ⇩ 意識〉の三層構造への発展である。私たち人文社会科学系で無意識のうちに採用されることが多い、反差別運動でもいまなお影響力を残している人間観・社会観かもしれない。

けれども、これでは知の独占者が一種類から二種類に増えただけである。マルクス主義者に加えて精神分析家が。これでは、自分自身の主観的経験の意味を知らない「大衆」を、知を独占した一握りのエリートが、意味を教えてあげることで支配するという、全体主義への傾斜をとどめることはできない。それどころか説明の網の目が細かくなった分だけ、かえって始末が悪い。マルクス＋フロイトの恐怖だ。

五　「リベラル」がそのままにしているマルクス主義の負の遺産

必要なことはまず、しっかりマルクス主義の負の遺産を批判することだ。フランスは日本と同様、先進資本主義国の中では珍しく知識人の間にマルクス主義が定着した国らしく、たとえば社会学者のブルデュー（一九三〇―二〇〇二年）の回顧によると、エコール・ド・ノルマルの同級生の中の半分はマルクス主義者だったという。そのフランスにして、フランス革命史の権威でフランス共産党員でもあったフランソワ・フュレのように、ベルリンの壁崩壊の後は、「なぜ我々はマルクス主義を、コミュニズムを、信奉していたのか?」の問いを真摯に求めて『幻想の過去――20世紀の全体主義』(楠瀬正浩訳、バジリコ、二〇〇七年)のような大部の研究書を出す知識人が出ている。日本では残念ながら、そのような仕事は早急には期待できない。

さらにいえば、オルタナティヴを呈示しない限り、日本の大学人やマスメディア関係者は、「リベラル」を自称したとしても、いつまでもマルクス主義という卵の殻を知らずしてお尻につけたままになってしまう。「左」が正義で「右」が悪だという、ベルリンの壁崩壊以前の硬直した価値観を引きずったまま、時代に取り残されてしまう。そして、「リベラル」の衣の下に「左翼」的な鎧をどうしても感じ取ってしまう人々は、選挙のたびに自由民主党に投票することをやめないだろう。

六　現象学こそ民主主義の原理である

オルタナティヴはあるのか。ある。それが現象学だ。リベラルな自由主義的民主主義の基礎としては、フランクフルト学派などよりフッサールの創始した現象学こそふさわしい。

フッサールの現象学はそのままでは難解なので、ここではフランスの現象学者リクールが、先にあげたフランクフルト学派のハーバーマスとの論争のなかで鍛え上げた思想をもとに、重要なポイントを一つだけ取り上げておこう。

それは現象学では、マルキシズムの存在被拘束性に代わって、視点被拘束性という考え方を取る、ということだ。

なるほど現象学でも、私の意識が最初から自由で中立的とはいえず、拘束されていることは認める。けれどその拘束性は、私が直接意識できない生産様式や無意識のコンプレクスに由来するのではない。私が特定の国や民族や性別に生まれ落ち、特定の歴史的文化的状況にすでに投げ入れられていることに視点拘束性は由来するのであり、これは誰でも意識しようと思えばできることなのだ。

じっさい、社会科学者や精神分析家のような「専門家」に教えられずとも、視点拘束性を克服する手段は、誰にでも与えられている。それが他者の視点を取ることだ。友人と話していて（年齢性別職業国籍などが違う場合は特に）、私がこの友人に生まれたとして世界はどのように見えているかを想像するだけで、視点は広がる。これを現象学では、ガダマーの言葉を借りて地平融合という。「地平」とは、特定の視点から見られた世界のことである。自分の地平と他者の地平が融合して、物事をより広く多面的な視点で見られるようになるのだ。

地平融合は、他者と対話することだけで起こるのではない。文化や時代の異なる書物に触れただけでも、起こることがある。とりわけ世界文学に親しむことは有効だろう。教養の原点はやはり文学であると思う。何百年も前の地球の裏側で書かれた（年齢や境遇や性別や言語も異なる）作者によって書かれた作品を、翻訳を通じてさえも主人公と一体となって喜怒哀楽をともにできるなんて、文学とは何と不思議な時空を超えるタイムマシンなのだろうと、つくづく思うことがある。

そして、私の視点、私の地平と、あなたの視点、あなたの地平の間には、優劣の関係は一切ない。すべてが平等な、フラットな関係なのだ。

なるほど私だって、過去にはマルクスやフロイトを読んで感銘を受けた経験がないではない。けれどもそれは、歴史法則といった「客観的真理」に触れて自分のそれまでの意識が「虚偽」だったと悟ったというような感銘とは違う。マルクスやフロイトの地平と自分の地平とが地平融合を起こし、物事を今までよりも多面的にみられるようになった、ということなのだ。

そもそも現象学には「虚偽」と「真理」の区別はない。そのような区別をするには神の視点を必要とするからだ。あるのは見方が一面的か多面的かの別だけだ。そして、より多くの視点を取り込むことでより多面的な見方ができるという、地平融合への無限のプロセスは、誰にでも、今、すぐ、ひらかれている。

長くなるので現象学の解説はこれだけにするが、現象学こそ民主主義の基礎とするにふさわしい考え方であるという、一端が少しでも伝われば幸いである。

自由と民主主義の原理としての現象学の構築は、始まったばかりである。

〔付記〕　現象学については、次の二点を参考書としてあげておく。後者はイギリスの心理学者の手になるが、リクール現象学を土台として人間理解の方法を練り上げている。

西研『哲学的思考——フッサール現象学の核心』（ちくま学芸文庫、二〇〇五年）

ラングドリッジ『現象学的心理学への招待』（田中彰吾・渡辺恒夫・植田嘉好子訳、新曜社、二〇一六年）

以前某学会の役員をしていた頃、学術会議会員学会枠が回ってきて推薦したことがあったが、いつのまに現任会員が後任を推薦するように変ってしまった。今時現任が後任を推薦する人事など北朝鮮である。どっちもどっちだ。

終　章　未来に開かれた表現の自由
――志田陽子『「表現の自由」の明日へ』を読む

寄川　条路

「表現の自由」とは広い海であり、その中にはいくつもの島がある。その一つひとつが他者の権利であり、この島をまとめて「公共の福祉」という。とすれば、公共の福祉とは全体の利益、全員の幸福となるだろうか。他者の権利という島にぶつからないかぎり、表現は自由である。これが『「表現の自由」の明日へ』の著者・志田陽子の基本的なスタンスである。

公共の福祉だからといって、表現の自由を規制することはできない。表現の自由が無制限ではないとしても、公共の福祉とのバランスを考えて規制が必要なのではなく、踏み込んだ議論が必要なのだ。

表現活動が他者の権利を侵害する場合、表現に制約をかけることもあるだろう。しかし、表現の内容を事前に検閲することは許されないとすれば、表現の良し悪しは、いったん社会に出したあとで、被害を受けた者が訴え出るのが原則となる。

そうはいっても、差別表現は規制すべきではないだろうか。民族や国籍など、ある属性をもった人たちへの憎悪表現は、社会的な弱者を追い詰めているのだから。ヘイトスピーチを規制すべきなのかどうか。このあたりの対応については、本書ではかなり慎重だ。

ネットの中ではだれもが自分の考えを表現できるから、場合によっては新たな衝突を引き起こし、紛争が増えていくかもしれない。本書は、現代社会の抱えるこうした問題状況を整理して、未来に開かれた表現の自由論を説く。二一世紀のグローバル社会では、異なる思想や信仰をもった人々が、正しさや優位さを競って争うことをせず、互いに違いを個性として認め合いながら共存できる社会を構想する。しかしこうした寛容論は、本書の中でもまだ、達成されてはいない課題にとどまっているように見える。

表現の中身が問題となるのではなく、表現の場が確保されていればよい。どの表現に価値があり、どの表現に価値がないのかは問われない。個々の表現は玉石混淆であってもよいとすれば、志田が指摘するように、表現のあり方は「自由市場」となる。内面にある思想や感情は、憲法一九条の「思想・良心の自由」で保障されるまでもなく、そもそも法で強制したり規制したりできるものではない。

表現の自由に支えられた民主主義の社会は、ハンドルを右に切ったり左に切ったりするように、「間違う自由」をも許容しながら、自由な批判や修正を認め、より良い考え方に少しずつ近づいていく。志田は、こうした考えに立って、表現内容の正しさや誤り、良し悪しの判断を思想の「自由市場」に任せる。

公共的対話の作法ともいうべき討論のリテラシーを育てる本書の目標は、多様な文化の中での共存であり、善悪や優劣ではなく多様な文化のあり方の違いを見て、平等に尊重することである。そうであれば、文化の多様性とは、人種・民族・性別・外見・宗教など、さまざまな違いをもった人たちが、一つの文化への同化を強制されずに、多様なあり方のままで尊重され共存できる社会のことを意味している。

コミュニケーション手段の発達と人の流動化が進んだ今日の世界では、地理的な棲み分けによって衝突のない世界をつくることはできない。自分と相容れない他者を社会から排除することは、もはやできないのである。「シャルリー・エブド襲撃事件」や「明治学院大学事件」をきっかけに、言論の自由と宗教への侮辱とのバランスを考えるようになった。私たちがオープンな対話に耐えられる力を身に付け、それを認め合う文化をつくることこそが大切なのだから、志田が指摘するように、現代においては議論が起こることそれ自体を歓迎してもよいのだろう。

本書は、そうした公共的対話の作法ともいうべき討論のリテラシーを育てる、未来に開かれた「表現の自由」への最適な入門書である。

【参考文献】

志田陽子『「表現の自由」の明日へ――一人ひとりのために、共存社会のために』(大月書店、二〇一八年)。

なお、著者の志田陽子は、武蔵野美術大学で憲法・表現法・芸術法を教えながら、歌や映画を題材にした市民向けライブ&トーク「歌でつなぐ憲法の話」を主宰する憲法学者である。おもな著書に『文化戦争と憲法理論』(法律文化社、二〇〇六年)、『映画で学ぶ憲法』(編著、法律文化社、二〇一四年)、『あたらしい表現活動と法』(編著、武蔵野美術大学出版局、二〇一八年)などがあり、どの著著も大いに参考になる。

あとがき

令和元年五月一日、天皇即位の日に秘密の反対集会を開いていた明治学院大学は、日の丸・君が代・元号を公に禁止しているキリスト教主義の大学で有名だが、大学当局が大学の方針に反対する教員の授業を盗聴したり、キリスト教に批判的な教員の教科書を検閲したりしていたのを知る人は少ない。「リベラルな大学だと思っていたのでショックを受けた」というのが大半の反応で、ＯＢからは「原始的な大学に成り果ててしまったのか」とのコメントもいただいた。「他の教員は、大学を批判せずにうまく振る舞っているのか」との質問も受けたが、答えを知りたければ試しに教職員に尋ねてみるとよい。一様に押し黙って一言も答えることはできないだろう。キリスト教や大学の方針に異を唱えれば大学から排除されてしまうので、末端の教職員は保身に走らざるをえない。

そろそろ関係者の証言を公表してもよいだろうか。授業を盗聴していた人にも、教科書を検閲していた人にも、それぞれに言い分もあれば言い訳もある。理事会・教授会・調査委員会などの資料から、そして末端の教職員の証言から、大学側の主張を再現しておこう。ナチスによるユダヤ人虐殺のように、組織の中の人間がどのように考え、どのように語り、どのように振る舞っていたのかは、過去の資料が明らかにしてくれる。明治学院大学事件の裁判も終わったので、今後は、資料を公表していくことになる。関係者は待っていてほしい。

あとがき

本書は、経営者側であれ労働者側であれ、立場を問わず、大学について意見を交換する場であり、議論をするためのプラットフォームである。編者としては、議論をするための環境を整備して、それによって大学の現状を世間に伝え、少しでも改善することができるのであれば、本書を刊行した意義はあったのではないかと考えている。

二〇二〇年十一月

寄川　条路

編著者紹介

■編者

寄川条路（よりかわ　じょうじ）　　［まえがき、終章、あとがき］

一九六一年生。元明治学院大学教授。専門は哲学・倫理学。著書に『大学の自治と学問の自由』（編著、晃洋書房、二〇二〇年）、『教養としての思想文化』（晃洋書房、二〇一九年）、『大学の危機と学問の自由』（編著、法律文化社、二〇一九年）、『大学における〈学問・教育・表現の自由〉を問う』（編著、法律文化社、二〇一八年）など。

■著者（五十音順）

稲　正樹（いな　まさき）　　［第5章］

一九四九年生。元国際基督教大学教授。専門は憲法学。著書に『平和憲法とともに――深瀬忠一の人と学問』（共編著、新教出版社、二〇二〇年）、『法学入門』（共著、北樹出版、二〇一九年）、『立憲平和主義と憲法理論』（共著、法律文化社、二〇一〇年）、など。

榎本文雄（えのもと　ふみお）　　［第4章］

一九五四年生。大阪大学名誉教授。専門は仏教学。著書に『ブッダゴーサの著作に至るパーリ文献の五位七十五法対応語』（共編著、インド学仏教学叢書編集委員会、二〇一四年）、『不殺生（アヒンサー）の動機・理由――インド仏教文献を主資料として』（龍谷大学現代インド研究センター、二〇一三年）、『仏教とジャイナ教』（共著、平楽寺書店、二〇〇五年）など。

編著者紹介

島﨑　隆（しまざき　たかし）　［第1章］
一九四六年生。一橋大学名誉教授。専門は哲学。著書に『《オーストリア哲学》の独自性と哲学者群像――ドイツ哲学との対立から融合へ』（創風社、二〇一七年）、『戦後マルクス主義の思想――論争史と現代的意義』（共編著、社会評論社、二〇一三年）、『地球環境の未来を創造する――レスター・ブラウンとの対話』（編著、旬報社、二〇一〇年）など。

末木文美士（すえき　ふみひこ）　［序　章］
一九四九年生。東京大学名誉教授・国際日本文化研究センター名誉教授。専門は日本思想史。著書に『日本思想史』（岩波新書、二〇二〇年）、『冥顕の哲学2――いま日本から興す哲学』（ぷねうま舎、二〇一九年）、『冥顕の哲学1――死者と菩薩の倫理学』（ぷねうま舎、二〇一八年）など。

不破　茂（ふわ　しげる）　［第3章］
一九五九年生。愛媛大学法文学部准教授。専門は国際関係法。著書に『映画で学ぶ国際関係Ⅱ』（共著、法律文化社、二〇一三年）、『不法行為準拠法と実質法の役割』（成文堂、二〇〇九年）、『国際関係法辞典（第2版）』（共著、三省堂、二〇〇五年）など。

山田省三（やまだ　しょうぞう）　［第2章］
一九四八年生。中央大学名誉教授・弁護士。専門は労働法。著書に『現代雇用社会における自由と平等――24のアンソロジー』（共編著、信山社、二〇一九年）、『労働法理論――変革への模索』（共編著、

信山社、二〇一五年）、『労働法解体新書（第4版）』（共編著、法律文化社、二〇一五年）など。

［第6章］

渡辺恒夫（わたなべ　つねお）

一九四六年生。東邦大学名誉教授。専門は心理学。著書に『人文死生学宣言――私の死の謎』（共編著、春秋社、二〇一七年）、『夢の現象学・入門』（講談社選書メチエ、二〇一六年）、『他者問題で解く心の科学史』（北大路書房、二〇一四年）など。

表現の自由と学問の自由
日本学術会議問題の背景

2021 年 1 月 28 日　初版第 1 刷発行

編　者——寄川条路
発行人——松田健二
発行所——株式会社 社会評論社
東京都文京区本郷 2-3-10
電話：03-3814-3861　Fax：03-3818-2808
http://www.shahyo.com
装丁・組版—— Luna エディット .LLC
印刷・製本——株式会社 プリントパック

＊ブックレット　発売中＊

日韓記者・市民セミナー　ブックレット1

日韓現代史の照点を読む

裵哲恩／編集・発行

九〇〇円＋税　A5判一一二頁

Ⅰ　関東大震災朝鮮人虐殺否定論はトリックである　加藤直樹

Ⅱ　日本の特攻隊員として死んだ朝鮮兵士への慰霊　黒田福美

Ⅲ　在日朝鮮人の北朝鮮への帰国事業60周年を迎えての検証　菊池嘉晃

日韓記者・市民セミナー　ブックレット2

特集

ヘイトスピーチ攻防の現場

裵哲恩／編集・発行

九〇〇円＋税　A5判一〇四頁

Ⅰ　川崎市、差別根絶条例を生み出した市民力　石橋　学

Ⅱ　韓国ヘイトの心理と対処法　香山リカ

資料：川崎市差別のない人権尊重まちづくり条例　ヘイトスピーチ解消法